para ser bautistas

lecciones para nuevos miembros

J. MANNY SANTIAGO

Prefacio por Elizabeth Conde-Frazier

JUDSON PRESS
PUBLISHERS SINCE 1824
VALLEY FORGE, PA

Para ser bautistas: Lecciones para nuevos miembros

Library of Congress Cataloging-in-Publication Data

Santiago, J. Manny. Being Baptist : lessons for new members / J. Manny Santiago. —1st ed. p. cm. ISBN 978-0-8170-1556-5 (pbk.: alk. paper) 1. Baptists—Doctrines—Textbooks. 2. Baptists—Membership—Textbooks. I. Title.
BX6225.S26 2009
230'.6—dc22 2009014061

Impreso en Estados Unidos
Primera edición, 2009.

Para abuelita Margot Delgado, quien me enseñó con su ejemplo y su pasión a ser cristiano.

"Cuando allá se pase lista,
A mi nombre yo feliz responderé..."

contenido

prefacio

El pueblo hispano es diverso. Nuestras raíces vienen de distintos países, de México y la América Central, de Puerto Rico y el Caribe, Sudamérica e incluso España. Muchos de nosotros y nosotras hablamos español pero no todos; aún entre quienes hablamos español, tenemos diferentes nombres para distintas cosas. Tenemos diferentes historias, nacional, regional e individualmente; historias que determinan nuestros valores, creencias, tradiciones y costumbres. Nuestros orígenes son especialmente complejos debido a que incluyen múltiples etapas de conquistas, cada una de las cuales nos trajo una religión distinta. Como verán, un conquistador procura obtener poder sobre un pueblo no sólo militar, sino también moralmente, y la conversión religiosa posee el potencial de cambiar los patrones de vida y la cosmovisión en tanto el pueblo conquistado se rinde voluntariamente al control del nuevo poder.

Una religión por lo general incluye un conjunto de símbolos, historias y creencias que da sentido a las experiencias de quienes la practican, proporcionándoles un marco para la ley, la ética y el estilo de vida. Los símbolos religiosos fundamentales constituyen la raíz misma de la identidad del grupo. Es por ello que es importante comprender las raíces de las prácticas religiosas de alguien.

En la creación de este recurso bilingüe, el pastor y autor J. Manny Santiago reconoce tanto la diversidad de nuestro pueblo hispano, como el poder de la fe religiosa en la formación de nuestra identidad. Nuestras jornadas de inmigración y migración han creado un mosaico de experiencias religiosas, prácticas e idiosincrasias en el camino. En estos seis estudios, el pastor Santiago busca nutrir nuestra identidad como bautistas, así como darnos herramientas para la comprensión de nuestras creencias y prácticas.

¿Cuál es la alternativa, si esa identidad fundamental como cristianos y cristianas bautistas no está sólidamente establecida? Sabemos que las personas que emigran están constantemente atrapadas en la interacción entre la continuidad y el cambio. La segunda y posteriores generaciones de hispanos deben aceptar estas tensiones y ambigüedades si van a lidiar con su identidad. Conforme los jóvenes crecen llegan a la etapa del pensamiento abstracto y empiezan a hacer preguntas acerca de cómo vivir, moverse y ser parte de dos mundos. ¿Cómo elegir entre los dos? ¿Pueden crear un mundo que este compuesto de ambos, pero a la vez de ninguno de los dos?

Estas preguntas de la identidad deben estar conectadas con su formación de fe. ¿Dónde está Dios en estos dos mundos? ¿Cómo instruye la Escritura en esta jornada de la identidad? ¿Qué creencias apoya y cultiva esos mundos? ¿Cómo puede una congregación abordar las preguntas de los padres y madres, así como las de los hijos que maduran? La manera como la gente joven responda a estas preguntas influenciará su teología y su identidad en los años venideros. Basándose en gran medida en el texto bíblico, así como en su recolección de la narrativa, profecía y sabiduría obtenida de los pueblos migrantes a través de una gama de tiempos y culturas, el pastor Santiago ofrece una valiosa orientación para hacer preguntas y descubrir juntos y juntas las respuestas en una comunidad de fe.

¿Por qué es esto importante? Para los hispanos e hispanas, muchas experiencias dan forma a las preguntas que hacemos cuando estudiamos la Biblia, cuando oramos o hablamos de nuestra fe. Nuestras historias de conquista y jornadas migratorias nos han enseñado a adaptarnos a nuevas formas de vida, a ampliar nuestras costumbres y crear nuevas, a cuestionar leyes injustas, a dar forma a una ética de dignidad y justicia, todo lo cual es parte de nuestra identidad como bautistas. Nuestras experiencias de migrantes nos han enseñado cómo vivir en dos culturas, a adaptarnos y adoptar. Este proceso es lo que algunos llamarían cruce de fronteras, un continuo pasar de una cultura a otra. Es la transferencia de los valores culturales y espirituales de un grupo a otro. En vista de que vivimos entre los dos mundos y no sólo en uno u otro, entonces creamos una línea fronteriza, un lugar donde los dos mundos chocan y producen una multiplicidad de puntos de vista. Es aquí donde llegamos a entender cómo ideas opuestas pueden interactuar unas con otras, cómo tolerar la ambigüedad, y cómo mantener los opuestos en tensión. Es toda una nueva forma de encontrar sentido. En este volumen práctico y accesible, el pastor Santiago ayuda a hispanos de todas las generaciones, primera, segunda, y más allá, a formular su identidad y su fe a través de un proceso de encontrar sentido. Tal vez aún más emocionante es que a través de estos estudios bíblicos, el pastor Santiago nos ayuda a reflexionar sobre nuestra práctica y comprensión de la misión de tal manera que podamos comenzar a articular una comprensión coherente de la iglesia hispana.

Todo esto habla de un proceso de hacer teología, un proceso necesario para mantener la relevancia de nuestra fe cristiana en los diferentes contextos históricos y culturales. La teología cristiana es el discurso sobre el contenido de la fe y sus consecuencias para la vida. El discurso tiene lugar conforme el pueblo de Dios tratar de comprender la revelación de Dios en sus experiencias cotidianas. La tarea de la teología es plantear y responder preguntas pertinentes a la experiencia de Dios de maneras relevantes para la cultura y el andar de fe comunitario de la persona. En este breve volumen, el pastor Santiago equipa a bautistas hispanos e hispanas de hoy para discurrir su propia teología y convertirse en el pueblo de Dios en este tiempo y en estos lugares, cabalgando entre dos mundos y anunciando el reino de Dios en la zona fronteriza de nuestras vidas.

—Elizabeth Conde-Frazier, MDiv, PhD
Decana, Esperanza College
Filadelfia, Pensilvania

introducción

Las diferentes denominaciones bautistas que existen en los Estados Unidos cuentan con bastantes recursos disponibles para explorar nuestra identidad denominacional y nuestros principios como pueblo de fe. Desafortunadamente, la mayoría de estos recursos se encuentran en inglés. Esto lleva a que exista una necesidad grande entre las iglesias hispanas de enseñar a nuestra gente los principios que nos distinguen como expresión del cuerpo de Cristo que es la Iglesia universal.

En muchas ocasiones nuestra gente, en especial el pueblo hispano bautista en los Estados Unidos, llega a las iglesias con una necesidad urgente de entender la identidad del pueblo que se autodenomina "bautista". Muchas veces vemos cómo personas llegan hasta nuestras congregaciones porque somos la única presencia hispana protestante[1] en sus comunidades. Esto nos ofrece una bendición grandísima de poder demostrarle a nuestro pueblo el compromiso que tenemos como cuerpo denominacional de proveer para sus necesidades espirituales. Por otra parte, también esto nos presenta el gran reto de mantener nuestra identidad como iglesia mientras ministramos a un pueblo cuya identidad está matizada por una variedad grandísima de expresiones de la fe cristiana.

Dentro del conglomerado hispano en el exilio,[2] y aun entre las primeras y las segundas generaciones de hispanos en los Estados Unidos, existe un desconocimiento bastante grande con respecto a nuestra identidad como pueblo bautista. Esto se debe, a mi entender, a varias razones. Primero, la imagen de que "la iglesia bautista" es una sola, siendo igual a través de toda América Latina. Segundo, la ya mencionada falta de material educacional por parte de nuestras denominaciones para educar a nuevos creyentes de la comunidad hispana o hispanohablante en nuestras congregaciones con respecto a la identidad bautista. Tercero, el desconocimiento de la historia de la Iglesia en general y de las denominaciones protestantes en particular. Cuarto, las influencias de los movimientos carismáticos y pentecostales entre las comunidades protestantes históricas y, en particular, su influencia en nuestros países. Y así podemos continuar señalando una serie de factores que han provocado este desconocimiento.

El propósito de este currículo es explorar nuestra identidad como pueblo bautista en general y nuestras particularidades como miembros de un pueblo que es diverso tanto en teología como en prácticas y en liturgia. No se pretende contestar todas las preguntas que puedan surgir, pero sí se pretende comenzar a analizar algunas de nuestras características.

Este currículo, surge de las necesidades de una iglesia en particular, la Primera Iglesia Bautista de la Comunidad en Queens, New York, la que abrió sus puertas a este servidor cuando lo llamó como su pastor en la primavera del año 2006. El currículo está diseñado en diez unidades que cubren varios temas, desde la Biblia hasta las ordenanzas, que caracterizan al pueblo bautista. De ninguna manera quiere decir esto que existen sólo diez características que nos distinguen como pueblo. La verdad es que aun quienes hacen historia, al igual que los teólogos y las teólogas bautistas, no han podido llegar a un acuerdo sobre cuál sería el número más representativo de características bautistas. A través de la historia de nuestras denominaciones se han contado muchas particularidades diferentes de acuerdo a los tiempos y a las necesidades. Los principios que nos distinguen fueron agrupados en veintiséis por el teólogo Edgar Young Mullins en el siglo XIX,[3] en siete por el pastor y teólogo Justo Anderson,[4] en cuatro por el académico Walter B. Shurden en el siglo XX[5] y en cinco por los teólogos Curtis W. Freeman y James W. McClendon y la teóloga C. Rosalee Velloso Ewell en el siglo XXI.[6]

Los temas que se tratarán en las diez unidades en que se dividirá este currículo son las siguientes: Biblia, señorío de Cristo, libertad de conciencia, sacerdocio universal, autonomía e interdependencia, misiones y evangelismo, ordenanza del bautismo, ordenanza de la comunión, naturaleza de la Iglesia, y mayordomía cristiana. En cada unidad se explora nuestra identidad como pueblo cristiano y se provee la base bíblico-teológica para nuestra posición. Todos nuestros distintivos son igual de importantes y cada uno de ellos debe ser estudiado, comprendido y atesorado por cada miembro de la iglesia. No existe un orden determinado para presentar nuestra identidad, puesto que cada uno de ellos está relacionado de manera directa con el otro. El único distintivo que podemos determinar como fundamental es tener a la Biblia como nuestra norma de fe y conducta. A partir de esta premisa se derivan todos los demás.

El señorío de Cristo sobre toda nuestra vida es la característica principal del cristianismo como religión y de la tradición bautista en particular. Como pueblo cristiano, debemos entender que independientemente de nuestros apellidos, siempre tendremos un mismo nombre, Jesús el Cristo, y una sola familia, el cuerpo de Cristo, la Iglesia. Es importante que a través de toda nuestra aventura en este currículo podamos guardar las palabras del apóstol Pablo a la iglesia en Éfeso: "Os ruego que andéis como es digno de la vocación con que fuisteis llamados, con toda humildad y mansedumbre, soportándoos con paciencia los unos a los otros en amor, solícitos en guardar la unidad del Espíritu en el vínculo de la paz; un cuerpo, y un Espíritu, como fuisteis también llamados en una misma esperanza de vuestra vocación; un Señor, una fe, un bautismo, un Dios y Padre de todos, el cual es sobre todos, y por todos, y en todos" (Efesios 4:1-6, RVR).

NOTAS

1. He preferido usar el término "protestante" para nuestra denominación, ya que el término "evangélico" ha sido muy mal utilizado en Estados Unidos. Es importante reclamar nuestra identidad como Iglesia Cristiana dentro de la familia Protestante y enfatizar que dentro de nuestra denominación existen diferentes tendencias, desde fundamentalistas, hasta evangélicos, progresistas, liberales y todo lo demás.
2. Cuando utilizo este término de "pueblo hispano en el exilio" me refiero a quienes, por razones diversas hemos tenido que abandoner nuestros países de origen para vivir en los Estados Unidos.
3. E. Y. Mullins, *Baptist Beliefs*. (Valley Forge, PA: Judson Press, 1991).
4. Justo Anderson, *Historia de los Bautistas*, tres tomos. (El Paso, TX: Casa Bautista de Publicaciones, 1993).
5. Walter B. Shurden, *The Baptist Identity: Four Fragile Freedoms*. (Smyth & Helms Publishing, Inc.: Macon, GA, 1993).
6. Freeman, McClendon, and Velloso Ewell, *Baptist Roots: A Reader in the Theology of a Christian People*. (Valley Forge, PA: Judson Press, 1999).

formato de los estudios bíblicos

Es importante que cada estudio se haga de manera que pueda llegar al mayor número de personas de una manera adecuada, clara y consistente. Esto presenta un gran reto dado los diferentes estilos en que las personas aprenden y asimilan la información que se les brinda. Cuando nos enfrentamos a la realidad de dirigir clases de membresía o bautismo dentro de nuestras iglesias el reto es aun mayor por varias razones. En primer lugar, la comunidad hispana no habla una sola forma del idioma español. Los matices de nuestro idioma hacen de una clase de este estilo toda una aventura que es importante aprovechar, esto sin mencionar aquellas personas de origen hispano cuyo idioma principal es el inglés. Segundo, no todas las personas que lleguen a nuestras clases de membresías serán nuevos creyentes. Habrá ocasiones en que integrantes de otras tradiciones cristianas quieran pasar a ser parte de la membresía de nuestras iglesias, mientras que otras personas que se acercan aún estén en el proceso de aprender sobre la fe que han profesado recientemente. En tercer lugar, tendremos personas de diferentes generaciones y contextos tomando el curso al mismo tiempo. Las ideas, visiones, experiencias, recuerdos, referencias históricas o culturales serán diferentes para cada persona en nuestra clase. Así, podemos seguir mencionando aspectos que hacen de esta diversidad todo un reto para la enseñanza.

El formato seleccionado para organizar este currículo se hace con la intención de mantener una sencillez en su presentación que a la vez permita la libre expresión de ideas dentro de las mismas clases. Si bien es cierto que las lecciones presentan todas el mismo formato, se exhorta a quien haya de presentar cada tema a que utilice métodos alternativos conformes al modo de interacción en el grupo.

La organización de las unidades es sencilla. Siempre se hará referencia a un texto bíblico, haciendo hincapié en algún versículo que pueda ser recordado fácilmente como forma de memorización. En la medida de lo posible, se ofrecerán cánticos que complementen las lecciones y que puedan ser integrados a la discusión. Un pequeño ensayo explicativo seguirá a cada presentación del texto bíblico con un análisis teológico sencillo y algunas referencias históricas o culturales que servirán para contextualizarlo. Para finalizar, se presentarán ejercicios que ayuden a las personas a comprender lo estudiado y a aplicarlo en su vida como comunidad de la iglesia.

También es importante recalcar que a través de todas las lecciones se utilizarán diferentes versiones de las Escrituras para exponer a la clase a diversas formas de expresar nuestra tradición cristiana bíblica. Cada pasaje citado estará seguido de la respectiva bibliografía. En cuanto al lenguaje utilizado, siempre se ha de utilizar lenguaje inclusivo en cada lección y en cada ejercicio, y se invita a quien dirija cada clase a hacer lo mismo. Esto es muy importante en nuestro contexto siendo que la mujer ha sido consistentemente dejada de lado en nuestras iglesias, y los ministerios, dones, talentos y capacidades de ellas han sido como mínimo ignorados o relegados a un segundo plano. Queremos seguir el consejo de Pablo a la iglesia en Galacia cuando les dice: "Así que no importa si son judíos o no lo son, si son esclavos o libres, o si son hombres o mujeres. Si están unidos a Jesucristo, todos son iguales" (Gálatas 3.28, BLS). Además, siendo que Dios "es espíritu" (Juan 4.24) y que no tiene género, se intentará de manera constante prescindir del pronombre plural "él" para referirnos a Dios y utilizar en cambio el apelativo "Dios", así como el uso de otras imágenes bíblicas referidas a la Deidad.

Les extiendo una invitación, entonces, a aventurarnos en esta empresa de aprendizaje cooperativo y de descubrimiento de nuestra identidad como pueblo de Dios.

PRIMERA UNIDAD

la lámpara que nos alumbra el camino

Textos base: 2 Timoteo 3:16-17; Juan 14:26; 2 Pedro 1:20-21

Para memorizar: "Lámpara es a mis pies tu palabra, y lumbrera a mi camino." Salmo 119:105 (RVR)

CONTEXO

Una de las cosas que distingue a las iglesias que nacieron de la Reforma protestante del siglo XVI es el principio de que la Biblia es suficiente regla de fe y conducta. De hecho, una de las cosas que precipitó la Reforma fue la invención de la imprenta por un hombre llamado Johannes Gutemberg, hacia el año 1450, en Alemania. Esto permitió la producción de libros en gran cantidad y a menor costo. Como era de esperarse, muchas personas quisieron tener el libro que más preciaban: la Biblia.

Hasta ese entonces, las Escrituras estaban casi prohibidas para la persona común. Solamente unos pocos hombres de letras podían leer la Biblia y éstos eran casi siempre sacerdotes o monjes. Así, la Iglesia poseía el control absoluto de la Biblia. Sin embargo, existía un gran deseo por parte de la gente de poder acceder a este libro, lo que explica que la Biblia se convirtiera en uno de los mayores éxitos de la nueva tecnología.

Pero la Biblia no sólo fue un éxito, sino que también posibilitó, por primera vez, el acceso directo de muchas personas a las Escrituras. Este acceso permitió que las personas que componían la Iglesia conocieran por sí mismas los propósitos de Dios. Al leer la Biblia por sí mismas, se fueron dando cuenta de cuáles eran las cosas que tenían que cambiar en su vida y lo que Dios espera de cada ser humano.

Las iglesias bautistas históricamente han proclamado que la Biblia es la única fuente de fe, el documento suficiente para enseñar la verdad de Dios y la norma de vida que debemos seguir para agradar a Dios en todo. Reconocen que la Biblia es *inspirada* por el Señor y que, por lo tanto, es *autoritativa* en términos de fe y conducta.

Pero, ¿qué quiere decir **inspirada**? ¿Y qué queremos decir con **autoritativa**? Eso es lo que vamos a explorar en la discusión de los versos que hemos citado previamente.

¡LEAMOS! Te invitamos a que leas los versículos que presentamos al comienzo. Explora y ahonda en ellos y comparte tus impresiones con toda la clase.

DISCUSIÓN DE LO LEÍDO EN LAS ESCRITURAS

Pablo nos dice en su segunda carta al joven pastor Timoteo que: "Todo lo que está escrito en la Biblia es el mensaje de Dios, y es útil para enseñar a la gente, para ayudarla y corregirla, y para mostrarle cómo debe vivir" (2 Timoteo 3:16, BLS). Fíjate cómo Pablo dice que la Biblia contiene el mensaje que Dios quiere darle a la humanidad, y luego recalca que este mensaje nos sirve para enseñar, para ayudar y para corregir. Muchas personas piensan que confesar que la Biblia es **inspirada** quiere decir que cada una de las palabras que encontramos en ella es "la palabra de Dios". Pero, aunque no hay problema en tomar en serio las Escrituras y en aceptar que, como un todo es la Palabra de Dios, tenemos que tener en cuenta que en la Biblia encontramos las palabras de muchas personas.

La Biblia incorpora una gran serie de escritores a lo largo de muchos años. Esto hace que en ocasiones sea muy difícil saber lo que algunas cosas quieren decir. También dificulta el interpretar el mensaje que Dios tiene para nuestras vidas cuando hoy somos tan diferentes de quienes recibieron los mensajes en primera instancia. Como el pueblo bautista toma muy en serio el llamado de Cristo en el libro de Apocalipsis de no añadir ni quitar nada de lo que está escrito (Apocalipsis 22:19, y ver también Deuteronomio 4:2 y 32), tratamos de acercarnos a las Escrituras con todas las herramientas necesarias para interpretarla correctamente. Esto quiere decir que buscamos el contexto histórico, social, político, económico, religioso y cualquier otra cosa que nos ayude a contextualizar las palabras que encontramos en la Biblia para entenderlas mejor. Así mismo, una vez que las entendemos en su propio contexto buscamos cómo esas palabras nos ayudan a relacionarnos mejor con Dios a través de su Espíritu.

Jesús dijo que el Espíritu Santo nos guiará a entender las Escrituras y nos dará el entendimiento para saber lo que Dios quiere de nuestra vida. Como resulta claro de la lectura del Evangelio de Juan 14:26, al leer la Biblia, debemos pedirle al Espíritu de Dios que nos guíe a entender lo que nos quiere enseñar en ese momento.

Una característica única de la Biblia es que es un documento dinámico. Por ejemplo, en la carta de Hebreos 4:12 leemos: "Porque la palabra de Dios es viva y eficaz, y más cortante que cualquier espada de dos filos; penetra hasta la división del alma y del espíritu, de las coyunturas y los tuétanos, y es poderosa para discernir los pensamientos y las intenciones del corazón" (LBLA). Cada vez que la leemos, nos encontramos con un mensaje nuevo para nuestra vida. Algo vivo tiene actividad, tiene el poder de darle un sentido único a cada momento de la vida. Así es la Biblia. Por eso las iglesias bautistas buscan en la Biblia las respuestas a muchas de las preguntas difíciles que nos plantea la vida. Este es el verdadero significado de que la Biblia sea inspirada; podemos encontrarnos con Dios a través de su lectura y estudio cuando nos dejamos llevar por el Espíritu Santo.

Como el pueblo bautista tiene a la Biblia como la única norma de fe y conducta, no tenemos ningún otro documento que nos diga qué tenemos que creer o de qué manera debemos interpretar las Escrituras. Esto es, las iglesias bautistas no contamos con un credo. Muchas iglesias bautistas tienen alguna forma de **Confesión de fe** que es sólo para esa iglesia local. Otras iglesias bautistas tienen un **Convenio** o **Pacto de la Iglesia** que define las cosas que se espera que crean las personas que pertenecen a esa iglesia. Sin embargo, ninguna iglesia impone sus creencias o idiosincrasias sobre otras.

Por eso afirmamos que la Biblia es autoritativa, porque sólo la Biblia contiene las normas que debemos seguir para ser mejores seres humanos.

El apóstol Pedro nos recuerda que no se deben tomar las interpretaciones personales de la Biblia para imponerlas sobre otras personas. Lee bien lo que dice Pedro en su segunda carta: "Pero ante todo sabed esto, que ninguna profecía de la Escritura es asunto de interpretación personal, pues ninguna profecía fue dada jamás por un acto de voluntad humana, sino que hombres inspirados por el Espíritu Santo hablaron de parte de Dios" (2 Pedro 1:20-21, LBLA).

Los siguientes consejos pueden ser útiles cuando intentamos interpretar la Biblia:

- Pedirle al Espíritu de Dios que nos guíe a entender lo que leemos.
- Cuando Dios nos revele lo que quiere para nuestra vida a través de la Biblia, obedecerle, pero recordar que es para *nuestra* vida, no para la vida del vecino.
- Es bueno procurar siempre información y ayuda de quienes tienen más conocimiento de la Biblia. La lectura comunitaria de la Biblia permite que entre todas las personas podamos encontrar el mensaje que Cristo tiene para toda la Iglesia.

Es triste ver cómo algunas personas usan la Biblia para herir a otras. También la Biblia se ha utilizado para impedir que muchas personas lleguen a conocer a Cristo, porque se usa como una herramienta de muerte en vez de una herramienta de vida. Es importante que utilicemos la Biblia con el objetivo para el cual fue escrita, como la lámpara que nos alumbra el camino a Jesús.

EJERCICIOS GRUPALES E INDIVIDUALES

En la siguiente regla, indica cuánto tiempo dedicas a la lectura de la Biblia en la actualidad. En la escala de 0-15, el cero (0) indica que es poco tiempo y el quince (15) indica que es mucho tiempo. En la otra regla, indica cuánto tiempo quieres dedicarle a la lectura de la Biblia en tu diario vivir desde el día de hoy en adelante.

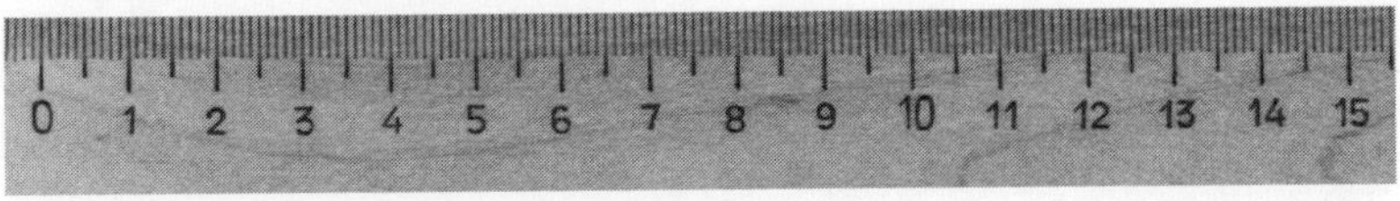

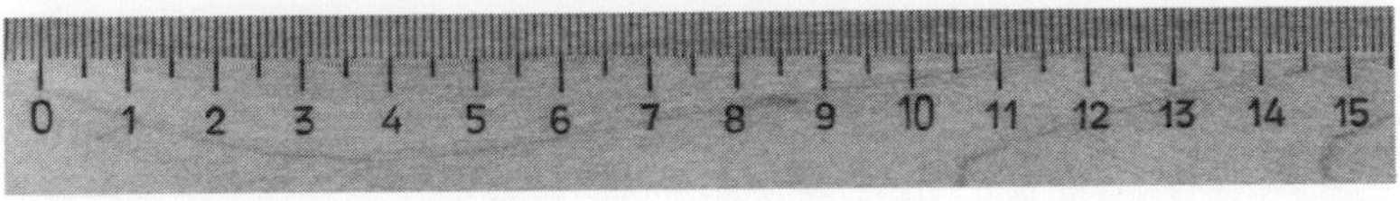

RECUERDA QUE ¡LA BIBLIA ES NUESTRA REGLA DE FE Y CONDUCTA!

La tradición bautista pone un gran énfasis en la libertad de cada persona para interpretar las Escrituras. Así mismo, entendemos que Dios ofrece de su Espíritu para que cada cual pueda acercarse a la Biblia de manera personal. Por esto es bueno preguntarnos siempre: ¿Qué es la Biblia para mí? Escribe tu respuesta en el espacio que sigue:

____

____

Cuando Pablo le escribió al joven Timoteo las palabras que encontramos en 2 Timoteo 3:14-17, el apóstol se encontraba encarcelado por predicar a Cristo. Sin embargo, Pablo utilizó este momento para aconsejar a Timoteo que utilizara las Escrituras para encontrar apoyo.

Después de releer el pasaje, ¿podrías escribir una carta a un amigo o a una amiga que se encuentre en un momento difícil? ¿Cómo utilizarías la Biblia para darle ánimo y ofrecerle ayuda en ese momento? Utiliza una hoja de papel aparte para este ejercicio y compártelo con tus compañeros y compañeras.

SEGUNDA UNIDAD

el señorío de cristo

Textos base: Marcos 1:14-15; Juan 20:24-29; Colosenses 1:15-23; Filipenses 2:1-11; Efesios 1:3-14

Para memorizar: "Por medio de él todas las cosas fueron creadas; sin él, nada de lo creado llegó a existir." Juan 1:3 (NVI)

CONTEXO

El pueblo bautista se ha distinguido históricamente por oponerse a tener un credo. Esto no quiere decir que no confesemos las verdades que los diferentes credos proclaman, sino que enfatizamos que la libertad individual nos hace una comunidad de creyentes que prefiere no promulgar un documento que esté por encima de la autoridad que tiene la Biblia sobre nuestra fe.

Sin embargo, en la historia de la iglesia de Cristo podemos encontrar una proclamación de fe—que es el significado de **credo**—que ha sido consistente. Esta proclamación es confesar que Jesucristo es el Señor. Desde tiempos de la iglesia primitiva, quienes han confesado a Cristo lo hacen con la convicción de que "*Jesús es el Señor*". Esta confesión de Cristo como Señor de la Iglesia tiene implicaciones grandes y trascendentes para nuestras comunidades.

Hoy día damos por sentado que esta confesión de fe es una verdad religiosa. Como pueblo cristiano, entendemos que confesar a Cristo como Señor es solamente una forma de expresar nuestra fe. Sin embargo, en los comienzos de la iglesia de Cristo, confesar a Jesús como Señor tenía implicaciones tanto políticas como religiosas.

En el Imperio romano, la palabra en griego para 'Señor' era *kyrios*. Éste era más bien un título de nobleza, conferido solamente a quienes tenían una posición social privilegiada. Por lo general, el único Señor o *kyrios* era el Emperador, honrado como un semidiós a quien se debía respeto, adoración y obediencia. Para el pueblo cristiano del primer siglo, confesar a cualquier otra persona como Señor era rebelarse contra un gobierno imperialista opresor.

En el contexto del judaísmo del siglo primero, el término hebreo *Adonai* era utilizado con referencia a Dios. Este término, al igual que *kyrios* en griego, era utilizado con exclusividad para referirse a la Deidad. Por lo tanto, cuando la iglesia primitiva comenzó a proclamar a Jesús como **Señor**, estaba confesando a Cristo como alguien de naturaleza igual al Dios del Antiguo Testamento. Éstas y otras implicaciones del señorío de Cristo se estudiarán en la clase de hoy.

¡CANTEMOS! De seguro que conoces algún coro o himno que proclama a Jesús como Señor de la Iglesia. Entona ahora algunos de estos cánticos junto a tus compañeros y compañeras de clase.

DISCUSIÓN DE LO LEÍDO EN LAS ESCRITURAS

Cuando Jesús comienza su ministerio público, hace una proclamación que cambiará el curso de la historia para siempre. El escritor del Evangelio de Marcos lo relata de la siguiente manera: "Después que Juan fue encarcelado, Jesús vino a Galilea predicando el evangelio del reino de Dios, diciendo: El tiempo se ha cumplido, y el reino de Dios se ha acercado; arrepentíos, y creed en el evangelio" (Marcos 1:14-15, RVR).

Como sabemos, Juan el Bautista anunció la llegada de Jesús en medio del pueblo de Judea. Juan, sin embargo, fue muy consciente de distinguir entre su ministerio y el ministerio de Jesús. Luego de haber sido anunciado ante muchas personas por medio de Juan, Jesús comenzó su ministerio con un mensaje de esperanza: el anuncio del **reino de Dios**.

Fíjate que de la lectura nunca se desprende que Jesús diga que él es el Mesías o el nuevo Rey. Lo único que Jesús dice es que el reino de Dios se ha acercado a quienes escuchan y reciben el mensaje del

Evangelio. Esto es muy importante mantenerlo en mente. La palabra *Mesías* en hebreo es el equivalente a *Cristo* en griego y ambas palabras significan 'escogido' en español. Éstos son títulos que la Iglesia le ha dado a Jesús a pesar de que él nunca se refirió a sí mismo de esta manera.

Entonces, ¿qué significa que Jesús anuncie el reino de Dios? Es importante recordar que el único reino permitido en la Judea del primer siglo era el Imperio romano. En el Nuevo Testamento leemos que Herodes era rey de Judea. Sin embargo, este puesto era más bien una extensión del reino del Emperador romano y Herodes actuaba más como vasallo del Emperador que como gobernante soberano. Este gobierno oprimía a las clases trabajadoras, a los pobres, a las personas desposeídas y a toda persona que fuera clasificada como minoría. Cuando Jesús comienza a proclamar el Reino de Dios, lo que hace es comenzar a ofrecer esperanza a sus seguidores y seguidoras de que algo mejor está en sus manos; este "algo" es el reino de Dios que será construido por quienes profesan la fe en Cristo.

Una vez que el cristianismo comenzó a tomar forma, las personas que venían a este nuevo movimiento comenzaron a proclamar a Jesús como Señor o *kyrios*. En las cartas del apóstol Pablo encontramos los primeros indicios de breves confesiones de fe acerca de la persona de Jesús. En la carta a la iglesia en Filipos, Pablo le recuerda a la comunidad cristiana en esa ciudad que Jesús es el Señor porque "aunque Cristo siempre fue igual a Dios, no insistió en esa igualdad. Al contrario, renunció a esa igualdad, y se hizo igual a nosotros, haciéndose esclavo de todos" (Filipenses 2:6-7, BLS). El reinado y el señorío de Cristo no se asemejan al de un rey que oprime a sus súbditos, como lo hacía el Emperador romano; por el contrario, Jesús fue capaz de renunciar a su soberanía para compartir nuestra humanidad. Entonces, el reino de Dios que Jesús proclama es una realidad nueva donde todas las personas tienen igual acceso a Dios y a su Espíritu. ¡Cristo es Señor, no porque esté por encima de la gente, sino porque se hizo igual a la gente! Éste es el gran ejemplo de humildad que tenemos para seguir.

Al mismo tiempo, el señorío de Cristo está dado por una esperanza continua de tener participación en este reino de Dios que ya está en medio nuestro. Otra vez escuchamos a Pablo decir lo siguiente: "En toda sabiduría y discernimiento [Dios] nos dio a conocer el misterio de su voluntad, según el beneplácito que se propuso en Él, con miras a una buena administración en el cumplimiento de los tiempos, es decir, de reunir todas las cosas en Cristo, tanto las que están en los cielos, como las que están en la tierra" (Efesios 1:8b-10, LBLA). Cuando Pablo habla de *"reunir todas las cosas en Cristo"* da a entender que nuestra fe en Jesús es el comienzo de la fundación del reino de Dios en medio nuestro. Esta esperanza queda bien clara cuando Jesús nos enseña a orar. En la oración modelo, que también conocemos como el **Padre Nuestro**, Jesús nos enseña a pedirle a Dios que su reino venga en medio nuestro y que se haga la voluntad de Dios tanto en los cielos como en la tierra (Mateo 6:9-13; Lucas 11:2-4).

Esta esperanza de un reinado de Cristo en la tierra junto con quienes le confiesen como Dios, es lo que llamamos una esperanza escatológica. La palabra griega *escathos* significa 'las últimas cosas'. Sin embargo, a diferencia de lo que muchas personas creen, esta esperanza escatológica no significa que esto sucederá en un futuro muy lejano. Si contextualizamos lo que Cristo dijo en los Evangelios, veremos que ésta es una esperanza continua. En Efesios 1:10, Pablo nos vuelve a recordar cuál es la esperanza que tenemos: "Cuando llegue el momento preciso, [Dios] completará su plan y reunirá todas las cosas del cielo y de la tierra, al frente de las cuales pondrá como jefe a Cristo" (BLS).

Podríamos preguntarnos: ¿cuál es el momento preciso? Hay quienes creen que es el momento final de la historia que llamamos el fin del mundo. Pero, volviendo al anuncio que Jesús hace al comienzo de su ministerio según lo presenta el evangelista en Marcos 1:14-15, podemos ver que el mensaje, tomado en su totalidad, es que el Reino de Dios está presente en medio nuestro. La presencia de Cristo, a través de su Espíritu, en la vida de la Iglesia es la realización de esa esperanza escatológica. El señorío de Cristo es una realidad para quien le confiesa hoy día y para quienes viven conforme al modelo del reino que Jesús demostró: un reino de justicia, solidaridad, amor, y paz, donde toda la gente es vista con dignidad e igualdad. Así que podemos afirmar con seguridad: Jesucristo es el Señor.

EJERCICIOS GRUPALES E INDIVIDUALES

Durante la clase pudimos ver que el reino de Dios no es algo que está por venir sino que es una realidad presente. A través del servicio podemos determinar si estamos contribuyendo a establecer el reino de Dios en medio nuestro. ¿Puedes identificar algunas organizaciones o ministerios en tu vecindario que contribuyen a establecer el reino de Dios en medio nuestro a través del servicio comunitario? ¿Cómo podrían tú y tu iglesia participar de estos ministerios o integrarse a una de dichas organizaciones? Comparte tus impresiones con toda la clase.

1. Ministerio / Organización:

____

a. Forma en que refleja el reino de Dios:

____

b. ¿Cómo puedo participar o integrarme al trabajo?:

____

2. Ministerio / Organización:

____

a. Forma en que refleja el reino de Dios:

____

b. ¿Cómo puedo participar o integrarme al trabajo?:

3. Ministerio / Organización:

a. Forma en que refleja el reino de Dios:

b. ¿Cómo puedo participar o integrarme al trabajo?:

Tal vez en tu vecindario no exista todavía una organización o ministerio que esté activamente trabajando para establecer el reino de Dios en medio nuestro. ¿Qué podrías hacer para comenzar un ministerio que refleje el entendimiento bautista del señorío de Cristo como la creación del reino de servicio? Comparte tus ideas con tus compañeros y compañeras. Procuren llegar a un acuerdo y presenten la idea al liderato de su congregación.

TERCERA UNIDAD

somos un pueblo libre en cristo

Textos base: Mateo 13:24-30; 16:13-17; 22:15-22

Para memorizar: "Respondiendo Simón Pedro, dijo: Tú eres el Cristo, el Hijo del Dios viviente." Mateo 16:16 (RVR)

CONTEXO

Durante los primeros años de las colonias inglesas, en lo que es hoy los Estados Unidos, cada estado tenía sólo una religión establecida. Por ejemplo, en Maryland únicamente podían existir iglesias católico-romanas y en Massachussets sólo se permitían iglesias puritanas (luego conocidas como las iglesias congregacionalistas). Esto resultaba en que muchas personas no tuvieran la libertad de acercarse a Dios conforme al dictado de su conciencia.

Un predicador de Massachussets llamado Isaac Backus, que había sufrido la persecución de los puritanos en su colonia, fue delegado al primer Congreso reunido en la ciudad de Filadelfia. En aquella ocasión, Backus se dirigió a la audiencia de la siguiente manera: "*Siendo que el reino de Cristo no es de este mundo y que la religión es un asunto entre Dios y el alma del ser humano* [...] *nosotros proclamamos y esperamos la libertad de adorar a Dios de acuerdo a nuestras conciencias...*".[1] Este discurso contribuyó a lograr la separación entre el gobierno de la nueva república y las iglesias.

Por siglos, el pueblo bautista ha luchado incansablemente, contra viento y marea, por la libertad de cada persona. Mucho antes que Backus en los Estados Unidos, algunas personas de las iglesias bautistas en los países de Europa habían sido condenadas a morir por reclamar que sus países no impusieran una religión a sus ciudadanos. Otras se convirtieron en mártires por defender el derecho a la libertad aun de quienes no creían en Dios.

Como denominación, las iglesias bautistas hemos luchado mucho por la libertad de conciencia porque creemos que Dios prefiere que nos acerquemos a Cristo libremente y sin intermediarios. Esto de ningún modo quiere decir que apoyemos el libertinaje, sino que preferimos tener la oportunidad de seguir la guía del Espíritu Santo para llegar hasta nuestro Señor.

¡CANTEMOS! Este sería un buen momento para cantarle al Señor ¿Sabes de un corito que hable de la libertad en Cristo? "*¡Libre, tú me hiciste libre, libre, Señor! Rotas fueron las cadenas que estaban atando mi corazón.*" ¡Te invito a que lo cantes con el grupo!

DISCUSIÓN DE LO LEÍDO EN LAS ESCRITURAS

En la *Parábola del sembrador*, Jesús les dice a sus discípulos que sólo el dueño de la cosecha tiene la potestad de arrancar la cizaña. "Cuando llegue el tiempo de la cosecha podremos distinguir entre el trigo y la cizaña. Dejen que las dos plantas crezcan juntas" (Mateo 13:30, BLS). En muchas ocasiones, dentro de las iglesias tenemos personas que quieren decidir quiénes son trigo y quiénes son cizaña. Jesús, sin embargo, nos enseña a no juzgar la espiritualidad de otras personas porque únicamente Dios tiene el poder y la capacidad de juzgar el servicio y la devoción de otras personas.

Cada ser humano es diferente y por lo tanto merece un trato personal. La Biblia enseña que tenemos un solo mediador entre las personas y Dios, que es Cristo Jesús (1 Timoteo 2:5). Cuando juzgamos a nuestros hermanos y hermanas estamos cayendo en el pecado que cometió Lucifer de querer ser igual a Dios (Ezequiel 28:1-19). Por eso para los bautistas es importante que cada persona tenga la libertad de adorar a Dios según su propio saber y entender.

Por otro lado, también reconocemos que es importante estar en comunión con quienes buscan adorar a Dios de corazón. Según la Biblia, debemos congregarnos con otras personas que adoran a Dios. Jesús nos enseña en Mateo 18:20: "Porque donde están dos o tres congregados en mi nombre, allí estoy yo en medio de ellos" (RVR). Y el autor de la carta a los Hebreos nos exhorta a no dejar de congregarnos como algunas personas "tienen por costumbre" (Hebreos 10:24-25).

Pero la libertad de conciencia tiene otras implicaciones. El mismo Evangelio de Mateo refiere la ocasión en que Jesús les pregunta a sus discípulos quién dice la gente que es él (Mateo 16:13-17). Los discípulos le ofrecen toda clase de contestaciones. Pero entonces Jesús le da un giro a la pregunta: "Y ustedes, ¿quién dicen que soy yo?" (Mateo 16:15, NVI). Es una pregunta personal dirigida a cada uno de sus discípulos.

A Jesús le importa lo que cada persona de manera individual piensa de él y de Dios. Por eso los bautistas hacemos énfasis en la conversión. Queremos que cada persona llegue a tomar una decisión personal por Cristo. De esta manera, nuestra fe será más profunda pues habremos llegado a Jesús por medio de la acción del Espíritu Santo y no porque alguien nos obligó a ello. Por esta misma razón, tampoco bautizamos a las personas sino hasta que hayan profesado a Cristo como su Salvador. Pero acerca del bautismo hablaremos en otra unidad.

Algunas de las conclusiones a las que llegamos por creer en la libertad de conciencia son las siguientes:

- La Iglesia está compuesta de individuos que han confesado a Cristo como su Salvador.
- Debe existir completa separación entre la Iglesia y los gobiernos. Esto incluye el que no se hagan oraciones en las escuelas y que no se lea la Biblia en el salón de clases; ya que son responsabilidades de la familia, no de la escuela pública.
- Cada persona es un sacerdote de Dios y, por lo tanto, tiene libertad de presentarse ante Dios, en el nombre de Cristo y sin intermediarios, con la ayuda del Espíritu Santo.
- Aun personas agnósticas y ateas o aquellas que tengan creencias diferentes a las nuestras, gozan de derechos y responsabilidades civiles.

Las implicaciones de creer en la libertad de conciencia son muchas. Por años, el pueblo bautista ha sacrificado tiempo y hasta sus vidas en su lucha por las libertades que hoy damos por sentadas.

En cierta ocasión, los fariseos se acercaron a Jesús con una moneda del Imperio romano. Con la intención de crearle problemas con el gobierno de Roma, le preguntaron si se debía rendir tributo al emperador (César). Jesús les respondió de la siguiente manera: "Pues denle al Emperador lo que es del Emperador, y a Dios lo que es de Dios" (Mateo 22:21b, BLS).

¿Por qué los bautistas defendemos tanto la libertad de conciencia y la libertad de religión? Existen tres razones bíblicas para esto.

Primero, la naturaleza propia de Dios. Jehová es Dios y punto. Pero además, es un Dios que ofrece libertad. Si lees Éxodo 3:13-14 y Apocalipsis 1:8 y 22:13 te darás cuenta de que Dios no necesita de nada ni de nadie para tener existencia propia. Y en Juan 4:1-24 vemos cómo Jesús le recuerda a la mujer samaritana que Dios es Espíritu y quien le adore debe hacerlo "*en espíritu y en verdad*", no con imposiciones.

Segundo, Dios hizo al ser humano libre. Si lees Génesis 1:26-28, 5:1-2 e Isaías 64:8 te darás cuenta de que el Dios Trino creó a cada persona. ¡No fuimos creación en masa como producen las fábricas! Además, el Salmo 139:13 nos recuerda que Dios nos formó y nos conoce desde el vientre de nuestras madres.

Por último, la naturaleza misma del cristianismo es ser una religión de libertad. Según Marcos 16:16: "El que crea y sea bautizado será salvo; pero el que no crea será condenado" (LBLA). ¡Allí no nos dice que seremos salvos en masa! Por el contrario, es responsabilidad de cada persona allegarse a Dios. Y Romanos 9:33 nos recuerda que ya en el tiempo de los profetas, Dios había dicho que "He aquí pongo en Sion piedra de tropiezo y roca de caída; y el que creyere en él, no será avergonzado" (RVR). O sea, que cada persona es responsable por sí misma de creer en Jesús. Por esto, podemos decir: ¡Libre, tú me hiciste libre!

EJERCICIOS GRUPALES E INDIVIDUALES

Cada persona ve a Dios, a Cristo, al Espíritu Santo de manera diferente. Aun en la Biblia encontramos imágenes diferentes para describir a Dios, a Cristo o al Espíritu. En el siguiente ejercicio, busca en tu Biblia dónde o en qué libro se hace referencia a las siguientes imágenes de Dios, Cristo o del Espíritu.

Dios como Pastor:

____

Cristo como león:

____

El Espíritu como paloma:

____

Cristo como la puerta:

____

Dios como una persona anciana:

____

Cristo como pastor:

____

Cristo como una madre amorosa:

____

El Espíritu como viento:

____

El Espíritu como fuego:

____

Dios como mujer en trabajo de parto:

____

Cristo como hermano:

____

Cristo como hijo:

____

Supongamos que existe una escuela en tu vecindario donde quieran imponer que cada mañana se lea un pasaje de la Biblia o de otro libro sagrado para otra religión. Y que luego, para finalizar, quicran haccr una oración genérica para comenzar el día. ¿Qué harías si tienes alguna vinculación con dicha escuela, ya sea como padre, madre o estudiante? ¿Cómo utilizarías la Biblia para demostrar que tú no debes participar de estas actividades aunque parezcan bonitas o inofensivas? Discute en grupo tus comentarios.

NOTA

1. Isaac Backus, *A History of New England.* (1774-75).

CUARTA UNIDAD

dios nos ha hecho sus sacerdotes

Textos base: Mateo 28:16-20; Marcos 16:14-18; Hechos 1:7-9; 1 Pedro 2:9-10; Apocalipsis 1:4-6

Para memorizar: "Porque hay un solo Dios, y un solo mediador entre Dios y los hombres, Jesucristo hombre…" 1 Timoteo 2:5 (RVR)

CONTEXO

Muchas personas creen, erróneamente, que lo que identifica a una iglesia bautista es la forma o el modo de bautizar. Por mucho tiempo, la gente pensaba que nuestro nombre era lo que más nos diferenciaba de las demás denominaciones y grupos de iglesias. Sin embargo, lo que realmente identifica al pueblo bautista es lo que cree acerca de quiénes componen la iglesia de Cristo.

Una de las cosas que el reformador alemán Martín Lutero proclamó fue el sacerdocio de toda persona que cree en Cristo y lo confiesa como Salvador. Es lo que se llama el **sacerdocio universal del creyente.** Por eso los bautistas, como la gran mayoría de las iglesias que salieron de la Reforma protestante afirman que cada persona que confiesa a Cristo es un sacerdote. Si esto es así, ¿qué diferencia a los bautistas de otros grupos cristianos protestantes? Esta es la pregunta que nos dedicaremos a contestar en la clase de hoy.

En la tradición judía, el sacerdote era la única persona que tenía la autoridad de llegar ante Dios para expiar (perdonar) los pecados del pueblo. Si alguien cometía una falta, era necesario ir a al Templo de Jerusalén, o a una sinagoga (si vivía lejos de Jerusalén) y pedir a un sacerdote que sacrificara alguno de los animales limpios que Dios había establecido para expiar los pecados.

Una vez que Dios se revela a la humanidad en la persona de Cristo, ya no hay necesidad de tener un sacerdote que nos represente porque Jesús ya entregó su vida en sacrificio. Por eso en nuestras iglesias no existe una estructura jerárquica en la que una persona sea más importante que otra. Por el contrario, toda persona es vista como un ministro o una ministra de Dios en medio de la congregación. Así, cada persona es responsable de ministrar a las otras personas dentro de la comunidad de fe por medio de los dones y talentos que Dios imparte entre su pueblo.

¡LEAMOS! Te invitamos a que leas los versos que presentamos al comienzo de esta lección. ¿Qué piensas que enseñan esos versos con respecto al principio del sacerdocio universal del creyente? ¿Cómo los podemos aplicar a nuestra vida como cristianos y cristianas?

DISCUSIÓN DE LO LEÍDO EN LAS ESCRITURAS

De seguro que has escuchado muchos sermones y muchas pláticas centradas en el texto de la llamada **Gran Comisión** que encontramos en Mateo 28:16-20. Y lo más probable es que estos sermones se hayan centrado en el llamado a evangelizar y en la obra misionera. Ambos aspectos son muy importantes para la vida cristiana, pero este pasaje también tienen una segunda implicación que es vital para la vida de la iglesia: el llamado a intercedes por otras personas.

En la **Gran Comisión,** Jesús les da a sus seguidores la potestad, o sea, el poder de ir por todo el mundo haciendo discípulos. "Ustedes vayan y hagan más discípulos míos en todos los países de la tierra. Bautícenlos en el nombre del Padre, del Hijo y del Espíritu Santo. Enséñenles a obedecer todo lo que yo les he enseñado. Yo estaré siempre con ustedes hasta el fin del mundo" (Mateo 28:19-20, BLS). Jesús no les dice a quienes le siguen que esperen por un grupo de personas preparadas que hagan estas cosas, sino que envía a los once que habían estado con él durante su ministerio (recordemos que cuando Jesús pronunció estas palabras Judas Iscariote ya no era uno de los discípulos). Tanto los laicos como el clero, o sea, toda persona que sea seguidora de Cristo, tiene la potestad de propagar las buenas noticias de la salvación en Jesús.

Justo antes de ascender (elevarse) a los cielos, Jesús les recuerda otra vez a sus seguidores: "Recibiréis poder cuando el Espíritu Santo venga sobre vosotros" (Hechos 1:8, LBLA). Una vez más, vemos que no hay distinción entre unos y otros seguidores de Jesús. Cuando la promesa de Jesús se cumple un poco más adelante, como se relata en Hechos 2:1-13, todas las personas que estaban reunidas en el lugar fueron llenas del Espíritu Santo y testificaron del amor de Dios.

En Marcos 16:14-18 nos encontramos otra vez con la **Gran Comisión** desde el punto de vista de este evangelista. Jesús les dice a sus seguidores: "Estas señales seguirán a los que creen: en mi nombre echarán fuera demonios; hablarán nuevas lenguas; tomarán en las manos serpientes, y si bebieren cosa mortífera, no les hará daño; sobre los enfermos pondrán sus manos, y sanarán" (Marcos 16:17-18, RVR). ¡Quienes creamos en Jesús veremos estas señales! Esto no quiere decir que tengamos que tomar serpientes ni beber veneno. No. Quiere decir que el poder de Dios, a través de su Espíritu, está presente en la vida de todas las personas que creen en Jesús. Todas las personas de la iglesia tienen la potestad, entre otras cosas, de echar fuera demonios, de orar para que alguien se sane, y de pedirle a Dios que ayude a otras personas. No tenemos que esperar que lo haga la persona en liderato pastoral. Según la promesa de Cristo, toda persona en la iglesia tendrá esta potestad.

Pero aun hay más. El apóstol Pedro le recuerda a la Iglesia que hemos sido hechos un pueblo de reyes y sacerdotes (1 Pedro 2:9-10). Toda la iglesia es parte de este pueblo de reyes, reinas y sacerdotes. No hay ni siquiera una persona que no tenga esta potestad dentro de la iglesia. Una vez que la persona ha aceptado a Jesús, se convierte en ministro de Dios. Las iglesias bautistas no dejan de proclamar esta verdad bíblica y de vivirla cada día. Para el pueblo bautista, la figura pastoral es muy importante, pero no es más importante que el joven que ora toda la semana por todas las personas de la iglesia ni que la mujer que cocina cada domingo para llevar comida a quien no tiene, ni que el ujier que recoge las mesas luego de una actividad de la iglesia.

En el libro del Apocalipsis, el escritor nos recuerda que aun al final de los tiempos, estaremos dándole glorias a Jesús, quien "ha hecho de nosotros un reino, sacerdotes al servicio de Dios su Padre" (Apocalipsis 1:6, NVI). O sea, que Dios ha creado en la Iglesia un nuevo reino de personas que tienen la potestad y la responsabilidad de presentarse ante Dios de manera individual y colectiva para ministrar las bendiciones del Espíritu Santo.

Cuando una iglesia bautista reconoce el llamado pastoral de una persona, no considera que dicha persona sea la única con la responsabilidad de ministrar, sino que, de entre las personas de la congregación, esa persona ha sido llamada a dirigir al pueblo en una posición pastoral, pero que sigue siendo parte de este pueblo de ministros y ministras.

Si lees el pasaje de 1 Corintios 12 y 13 te darás cuenta de que Dios ofrece muchos dones a la iglesia, y que cada don es para ser utilizado para edificación de la Iglesia. La Rvda. Luz E. Rodríguez[1] nos dice lo siguiente con respecto al sacerdocio universal del creyente: "*El sacerdocio universal de los creyentes comprende la verdadera meta del sacerdocio bíblico, la responsabilidad de cada uno y cada una por los demás*". Así que pongamos en práctica nuestro rol como sacerdotes de Dios y velemos por el bienestar de toda la iglesia de Dios.

EJERCICIOS GRUPALES E INDIVIDUALES

A cada persona que acepta a Cristo, el Espíritu Santo le ofrece muchos dones con los que puede ayudar en el ministerio de la Iglesia. Lee Romanos 12:6-21, 1 Corintios 12:7-13, Efesios 4:11-16 y 1 Pedro 4:8-11. Muchas personas sienten temor de poner sus talentos al servicio de Dios y de la Iglesia, pero el Señor nos dice que es importante servir con amor (1 Corintios 13) y hacer todo para la gloria de Dios.

En el espacio que sigue, haz una lista de los dones o talentos que tienes. Haz otra lista de los talentos y dones que quisieras tener.

NOTA

1. Luz Eneida Rodríguez, "Somos un pueblo que afirma el sacerdocio universal", en *Somos pueblo que afirma su identidad: Lecciones para la Escuela Bíblica*. Iglesias Bautistas de Puerto Rico, 1996, página 34.

Dones y talentos que tengo:

______________________________________,

______________________________________,

____

Dones y talentos que quisiera tener:

______________________________________,

______________________________________,

____

En una congregación bautista, el pastor o la pastora tiene responsabilidades específicas, pero que no son más importantes que las del laicado. Hay cosas que todas las personas pueden hacer. En la siguiente tabla, indica qué cosas piensas que deben ser responsabilidad exclusiva del pastor o la pastora, cuáles son responsabilidades propias del laicado, y cuáles son responsabilidades de todas las personas de la iglesia. Discute tus contestaciones con el grupo.

Ministerio	Pastor/a	Pastor/a y laicado
Evangelizar en la comunidad		
Atender y acompañar a las visitas a la iglesia		
Administrar la Santa Cena		
Supervisar los programas de educación cristiana		
Predicar desde el púlpito todos los domingos		
Guiar las oraciones durante los cultos de adoración		
Aconsejar a los miembros durante las crisis		
Bautizar a los nuevos creyentes		
Planear estrategias para el crecimiento de la iglesia		
Control financiero de la tesorería de la iglesia		
Dirigir los estudios bíblicos de la congregación		
Planificar/Coordinar los esfuerzos misionales de extensión y promoción		
Leer las Escrituras durante los cultos		
Oficiar en las ceremonias matrimoniales		
Oficiar en los funerales		

Discute con el grupo lo siguiente: ¿Cómo podrías *ministrar* (que no es lo mismo que evangelizar) en los siguientes lugares?

- Tu trabajo
- Tu vecindario
- Tu iglesia
- Tu casa
- Tu ciudad o nación
- Otras ciudades

QUINTA UNIDAD

un solo cuerpo, muchos miembros

Textos base: Juan 17:18-26; Hechos 6:1-7; Romanos 12:1-5; 1 Corintios 12:1-27; Efesios 4:1-16

Para memorizar: "Así nosotros, siendo muchos, somos un cuerpo en Cristo, y todos miembros los unos de los otros." Romanos 12:5 (RVR)

CONTEXO

Existen unos 38 millones de personas en el mundo que se identifican como bautistas, de los cuales alrededor del 75% viven en los Estados Unidos. Sólo en ese país, hay unas dos decenas de denominaciones o grupos religiosos que se llaman **bautistas**. Sin embargo, con muy pocas excepciones, todos estos grupos se entienden a sí mismos como parte de un solo cuerpo, el cuerpo de Cristo.

Desde sus principios, las iglesias bautistas se han caracterizado por ser autónomas sin dejar de ser interdependientes. Estos dos conceptos son muy importantes en la vida de las comunidades bautistas porque definen la forma en que hacemos real la presencia de Cristo en la tierra.

Es desafortunado que muchas personas hayan malentendido los conceptos de **autonomía** e **interdependencia**. ¿Qué significan estas dos palabras en el contexto de las comunidades cristianas llamadas bautistas? Autonomía significa que existe la libertad de llevar los asuntos internos de la iglesia sin que otras comunidades intervengan. Interdependencia significa que existe una cooperación entre los grupos para poder llevar a cabo la obra de Dios en un contexto más grande. En definitiva, las iglesias bautistas no somos independientes como muchas personas han querido retratarnos porque independencia significa que no existe cooperación, que no hay una relación de ayuda y que no se reconocen las necesidades y los talentos que otras comunidades nos pueden ofrecer. Por el contrario, la autonomía y la interdependencia nos sugieren que la Iglesia de Dios (con *I* mayúscula) está compuesta de muchas iglesias (con *i* minúscula) que se unen voluntariamente para llevar a cabo la misión que Dios nos ha dado como pueblo.

Las diferentes denominaciones bautistas se dividen de manera particular de acuerdo a las necesidades de sus congregaciones. Por lo general, el componente principal de la denominación es la **Asociación.** Las asociaciones son los grupos de iglesias locales que se unen con la intención de hacer trabajo conjunto. Algunas de estas asociaciones son más grandes que otras, esto va a depender de la denominación y de las necesidades existentes. A su vez, existen organismos tanto a nivel nacional como internacional que están compuestos por diversas denominaciones bautistas. La *Alianza Bautista Mundial* y la *Fraternidad Bautista para la Paz* son ejemplos de este tipo de organizaciones. Esto sin dejar de lado el esfuerzo de muchos grupos bautistas de ser parte del movimiento ecuménico tanto local como internacional. A través de la participación en organismos como los *Consejos Nacionales de Iglesias*, el *Consejo Mundial de Iglesias*, el *Consejo Latinoamericano de Iglesias*, y otros organismos, las diversas denominaciones bautistas buscan restaurar la unidad entre el pueblo de Dios y hacer real la oración de Jesús de que toda persona que le siga tenga un solo propósito.

¡CANTEMOS! De seguro conoces algún cántico que habla de la unidad del pueblo de Dios. Este sería un momento adecuado para que te unas a tus compañeros y compañeras y lo canten. Existe un corito que dice: "Somos uno, en Cristo somos uno, uno sólo." Si lo sabes, te invitamos a que lo cantes.

DISCUSIÓN DE LO LEÍDO EN LAS ESCRITURAS

La oración que Jesús hace a Dios Padre, en el Evangelio de Juan, es una de las oraciones más importantes de Cristo, porque Jesús no solo pide por quienes están a su lado en ese momento, sino que pide por "los que han de creer en mí por el mensaje de ellos" (Juan 17:20, NVI). Esto quiere decir que Jesús pidió por todas aquellas personas que hemos confesado a Cristo como Señor y Salvador a través de la historia. ¡Esta es una oración muy poderosa! Además, como vemos en este pasaje, Jesús no pidió por una denominación. Cristo no dijo: "Dios, protege a los presbiterianos", o "Dios, cuida a los metodistas". No. Jesús pidió por quienes habrían de creer en Cristo por el testimonio de quienes son fieles a la Palabra de Dios.

La oración de Jesús va inclusive más allá puesto que le pide a Dios que una a las personas cristianas de la misma manera en que Jesús y el Dios Creador están en eterna unidad. *Imagínate lo que pasaría si fuéramos a poner por obra las palabras de Jesús.* ¿Cómo sería el mundo? ¿Cómo trataríamos a nuestros hermanos y a nuestras hermanas de otras iglesias?

En Hechos 6:1-7, vemos que la iglesia primitiva pasaba por un problema. Muchas de las viudas de habla griega estaban siendo descuidadas por quienes hablaban arameo (el idioma de los discípulos). Así que los discípulos decidieron llamar a todas estas personas, tanto judías como gentiles, que formaban la iglesia y pedirles que llegaran a un acuerdo. Este punto es crucial para el entendimiento de lo que es la autonomía de la iglesia local. Si te fijas bien en el relato, verás que los discípulos llamaron a la iglesia que estaba pasando por el problema para discutirlo y arreglar el asunto. No fueron a otras iglesias a pedirles dirección, sino que le pidieron al Espíritu Santo que les ayudara.

Si bien Hechos 6 nos habla de una iglesia en particular y, de la autonomía de la iglesia, más adelante, en Hechos 15, tenemos un ejemplo de la interdependencia entre las comunidades de fe. En este pasaje, las iglesias de toda la región vienen a decidir sobre la labor de Pablo entre los gentiles. Allí se llegan a unos acuerdos que tienen que ver con la misión de la Iglesia. Esto es muy importante mantenerlo en mente.

¿Por qué es importante que la iglesia coopere en el trabajo y la misión? Si consideramos las palabras de la carta a los Romanos nos daremos cuenta. La traducción de la *Biblia en Lenguaje Sencillo* nos dice: "Véanse ustedes mismos según la capacidad que Dios les ha dado como seguidores de Cristo" (Romanos 12:3b). Si tenemos un concepto correcto de quiénes somos nos daremos cuenta de que no podemos hacer las cosas de manera individual. Cada cosa que hagamos afecta la vida de otras personas. Esto es más que evidente en la vida de la iglesia. "El cuerpo humano está compuesto de muchas partes, pero no todas ellas tienen la misma función. Algo parecido pasa con nosotros como iglesia: aunque somos muchos, todos juntos formamos el cuerpo de Cristo" (Romanos 12:4-5, BLS). Cada iglesia local cuenta con personas que tienen diferentes dones y talentos. Así como cada persona dentro de la iglesia tiene dones diferentes, las diversas iglesias tienen dones que pueden poner al servicio de otras.

Pablo reitera esta idea cuando le escribe a la iglesia en Corinto (1 Corintios 12:1-27): los dones que el Espíritu de Dios nos ofrece son para el bienestar de *toda* la iglesia de Dios. Y nuevamente lo repite cuando escribe a la iglesia que estaba en Éfeso (Efesios 4:1-16): a pesar de que somos diferentes, podemos llegar a acuerdos para trabajar por el reino de Dios.

Presta atención a lo que Pablo dice a los efesios: "Hay un solo cuerpo y un solo Espíritu, así como también vosotros fuisteis llamados en una misma esperanza de vuestra vocación; un solo Señor, una sola fe, un solo bautismo, un solo Dios y Padre de todos, que está sobre todos, por todos y en todos. Pero a cada uno de nosotros se nos ha concedido la gracia conforme a la medida del don de Cristo" (Efesios 4:4-7, LBLA). Muchas iglesias tienen formas diferentes de adoración, o de servir la comunión, o de ordenar a las personas al ministerio; sin embargo, todas comparten el mismo Espíritu de Cristo porque ¡el mismo Espíritu que está presente en medio de tu iglesia es el mismo que está presente en la iglesia vecina! Debemos darnos cuenta de que para Dios ninguna iglesia es mejor que otra, sino diferentes unas de otras porque Dios se manifiesta de manera diferente a cada comunidad. Dentro de nuestra propia denominación hay iglesias que permiten participar de la Cena del Señor a todas las personas, mientras otras permiten sólo a las personas bautizadas. Hay iglesias que son más carismáticas y otras, quizás más litúrgicas. Sin embargo, todas son iguales ante los ojos de Dios.

EJERCICIOS GRUPALES E INDIVIDUALES

Las iglesias bautistas tienen una estructura de **gobierno congregacional**; esto implica que cada miembro tiene la misma oportunidad de participación, de toma de decisiones y de responsabilidades ante los demás. ¡Esto es mucha responsabilidad! Digamos que algo de la iglesia no te gusta o no te hace sentir bien. ¿Qué podrías hacer para cambiarlo? ¿Qué pasos seguirías para hacer saber que hay algo que no te gusta dentro de la iglesia?

Cada iglesia debe tener una Constitución y un Reglamento que determina la forma en que la iglesia local ha de organizarse. En estos documentos se especifica quiénes ejercen la dirección de la congregación, así como sus responsabilidades y funciones. Por supuesto, cada iglesia está organizada de acuerdo a las necesidades presentes. ¿Podrías dar una mirada a la Constitución y al Reglamento de tu iglesia e identificar cuáles son sus cargos y sus responsabilidades?

1. Cargo: Responsabilidad:

____________________ ____________________

2. Cargo: Responsabilidad:

____________________ ____________________

3. Cargo: Responsabilidad:

____________________ ____________________

4. Cargo: Responsabilidad:

____________________ ____________________

SEXTA UNIDAD

nuestro llamado a HACER discípulos

Textos base: Mateo 28:16-20; Marcos 16:14-18; Lucas 24:45-49; Juan 4:1-42; Hechos 1:6-11

Para memorizar: "Vosotros sois mis testigos, dice Jehová, y mi siervo que yo escogí, para que me conozcáis y creáis, y entendáis que yo mismo soy; antes de mí no fue formado dios, ni lo será después de mí." Isaías 43:10 (RVR)

CONTEXO

La chispa de la evangelización prendió muy pronto en la iglesia cristiana. Poco después de que Cristo ascendiera a los cielos y una vez que el Espíritu Santo se derramara entre las personas presentes el día de Pentecostés (Hechos 2), los creyentes comenzaron a proclamar el mensaje del evangelio a toda criatura. Muy pronto un maestro de la ley llamado Saulo recibió el llamado de Dios para convertirse de perseguidor en apóstol de Jesús (Hechos 9). Al recibir una nueva identidad en Cristo, Saulo pasó a ser conocido como Pablo, el misionero, evangelista, teólogo, predicador, maestro y pastor por excelencia de la tradición cristiana.

Pero Pablo no es el único ejemplo de personas interesadas en las obra misionera que tiene el cristianismo. A través de la historia, muchas otras personas han sentido el llamado de Dios a propagar el mensaje del amor de Dios en la persona de Jesús. En particular, el pueblo bautista se ha distinguido notablemente por su celo misionero y muchos son los ejemplos de mujeres y hombres que sintieron el llamado a ser testigos del poder de Dios, tanto en sus vecindarios como a través de todo el mundo.

Un ejemplo maravilloso del poder del Espíritu Santo y su llamado al campo misionero lo encontramos en la figura de William Carey. William Carey era zapatero, sin embargo sentía un aprecio por el estudio de la Biblia que le cambió la vida para siempre. Criado en la Iglesia de Inglaterra (en la comunión anglicana), Carey sentía un amor inmenso por Cristo y por su Iglesia. William Carey entregó su corazón a Cristo en una iglesia bautista y posteriormente estudió griego, hebreo, teología y filosofía a fin de prepararse para la tarea que Dios le había encomendado.

Un día, mientras estudiaba, al ver un mapa del mundo y marcar todos los lugares donde el evangelio aún no había llegado, sintió el llamado de ir él mismo a predicar a otras naciones. Así, junto a otros doce amigos, un 2 de octubre de 1792, Carey fundó la primera sociedad misionera de la historia: la *Sociedad Misionera Bautista*. Esta organización fue responsable de llevar el evangelio a la India. Carey vivió en la India por el resto de sus días, y se dedicó a aprender sobre la cultura y los idiomas que allí se hablaban. La labor, el fervor y la valentía de Carey y su grupo de compañeros son reconocidos por todas las iglesias como los creadores de las misiones modernas.

¡LEAMOS! Te invito a que leas los versos de la Biblia que se utilizarán en la clase de hoy. Si es posible, utiliza diferentes versiones de la Biblia. Discute con tus compañeros y compañeras lo leído antes de continuar.

DISCUSIÓN DE LO LEÍDO EN LAS ESCRITURAS

Muchas personas creen que sólo unas pocas personas están llamadas a ser **evangelistas** o **misioneros**. Otras tienen la idea de que las misiones se desarrollan en el extranjero, donde la cultura es exótica, la comida es diferente, el idioma que se habla es difícil y las condiciones de vida no son iguales a las que estamos acostumbrados. Pero, ¿te has puesto a pensar que quizás puedes ser misionero, misionera o evangelista en tu propia tierra? ¿en tu barrio?

En el Evangelio de Mateo, vemos que antes de que Jesús subiera a la diestra del Dios Creador, le pidió a sus discípulos: "*Ustedes vayan y hagan más discípulos míos en todos los países de la tierra*"

(Mateo 28:19, BLS). El mandato es a hacer discípulos, o sea, seguidores y seguidoras de Jesús, en cada rincón de la tierra. El pueblo bautista ha atendido a este llamado, que ha resonado en nuestros oídos desde el primer momento en que escuchamos al Espíritu de Dios, y el mismo que impulsó a personas como William Carey a comenzar obras misioneras. No fue el único; existieron otras personas muy importantes en la historia de las misiones, como los esposos Adoniram Judson y Ann Hasseltine. Ann no solamente fue la primera mujer estadounidense en ser misionera y en traducir libros de la Biblia a otros idiomas, sino que ambos fueron responsables de la conversión de muchos de los pueblos de Birmania (hoy Myanmar), un país en el sudeste asiático.

Pero, por más interesantes que sean las historias personales de los misioneros y misioneras, es aun más impresionante el mensaje que Jesús tiene para sus seguidores y seguidoras. "Estas señales acompañarán a los que crean: en mi nombre expulsarán demonios; hablarán en nuevas lenguas; tomarán en sus manos serpientes; y cuando beban algo venenoso, no les hará daño alguno; pondrán las manos sobre los enfermos, y éstos recobrarán la salud" (Marcos 16:17-18, NVI). Esta es la promesa de Cristo a quienes le siguen, ¡haremos maravillas en su nombre! El llamado misionero a propagar las buenas noticias del evangelio es un llamado lleno de poder porque en el nombre de Cristo podremos hacer maravillas para la gloria de Dios.

En el Evangelio de Lucas, nos encontramos con que Jesús nuevamente se dirige a quienes le siguen y les dice lo siguiente: "Ustedes deben hablar en Jerusalén de todo esto que han visto. Ahora quédense en la ciudad, porque muy pronto les enviaré a quien mi Padre prometió. No se vayan a ningún otro lado hasta que reciban el poder que Dios les enviará" (Lucas 24:47b-49, BLS). Jesús les pide que hablen de lo que vieron. Para el pueblo bautista, ser misionero, misionera o evangelista, es hablar de las maravillas que hemos visto que Dios ha hecho en nuestra vida. O sea, la ayuda del Espíritu Santo nos basta para ser un pueblo misionero y evangelizador.

Justo antes de ascender al cielo, Cristo prometió a sus discípulos: "Cuando venga el Espíritu Santo sobre ustedes, recibirán poder y serán mis testigos tanto en Jerusalén como en toda Judea y

Samaria, y hasta los confines de la tierra" (Hechos 1:8, NVI). La promesa de Jesús a sus seguidores se cumplió el día de Pentecostés. El Espíritu Santo descendió e infundió poder al pueblo para proclamar las verdades del evangelio (Hechos 2). Esto quiere decir que ahora la iglesia de Cristo tiene el poder del Espíritu para ser testigo de su amor en todo lugar.

Presta atención a las palabras de Jesús; te darás cuenta que dice "*en Jerusalén*", "*en toda Judea y Samaria*" y por último, "*hasta los confines de la tierra*". El propósito de Jesús es que le seamos testigos en nuestro hogar (Jerusalén, para los discípulos), en nuestra ciudad y país (Judea y Samaria) y en cualquier lugar de la tierra. La historia de la mujer samaritana, relatada en el Evangelio de Juan, es un gran ejemplo de una persona que fue misionera en su propia tierra.

En esta historia (Juan 4:1-42), Jesús se revela a una mujer quien, una vez que lo reconoce como el Mesías prometido, se vuelve a su pueblo a decírselo a sus vecinos. Por el testimonio de ella, muchas personas de Samaria llegaron a conocer al Mesías. Éste es también nuestro llamado. El pueblo bautista entiende que estamos llamados a prestar nuestra voz para que el Espíritu de Dios se revele a la vida de otras personas.

Algunas de las características que distinguen las misiones bautistas es que hacemos **misión a través de la acción**. En muchas ocasiones, las iglesias bautistas envían misioneros y misioneras que, en lugar de predicar el Evangelio, **viven el evangelio** en medio de los pueblos a los que sirven. Hay muchas clínicas médicas, escuelas, lugares de refugio para personas desamparadas, casas para mujeres y niños y niñas víctimas del maltrato, y otras instituciones que, sin ser lugares de predicación, anuncian el evangelio. De esta manera, la presencia consoladora de Cristo se hace real en medio de la necesidad del pueblo—tanto a nivel local como mundial. ¡Este es nuestro llamado como pueblo bautista!

EJERCICIOS GRUPALES E INDIVIDUALES

Lluvia de ideas misioneras ¿Sabías que hay muchas formas de ser misionero o misionera? Por ejemplo, tu iglesia puede tener un banco de alimentos para personas pobres. O quizás exista una pequeña escuela para cuidar a niños y niñas de madres solteras mientras ellas estudian o trabajan. Tal vez haya un grupo que ayude a la juventud a adquirir destrezas para el trabajo. Todo esto es parte de la obra misionera de la iglesia. Si tu iglesia todavía no tiene ningún programa de promoción social, éste es un buen momento para hacer una lluvia de aquellas cosas que tu iglesia puede comenzar a hacer para involucrarse en el trabajo misionero en tu área. Pueden compartir estas ideas en el grupo y escoger las más acordes a las necesidades de tu comunidad y a la visión de tu iglesia. Presenten las ideas al diaconado y al pastor o la pastora de la iglesia.

Lluvia de ideas

Las diferentes denominaciones bautistas tienen muchos ejemplos de trabajos misioneros tanto a nivel local como a nivel internacional. Pídele a tu pastor o pastora que te dé algunos ejemplos y cuáles son las ofrendas que se recaudan para su sostén. También podrías preguntar quiénes son los misioneros y misioneras de tu región y comprometerte a orar continuamente por ellos y ellas. Y, ¿por qué no? ¡Quizás en algún momento te interese trabajar como misionero o misionera!

SÉPTIMA UNIDAD

un nuevo nacimiento

Textos base: Mateo 28:16-20; Romanos 6:1-5; Hechos 2:36-47

Para memorizar: "Ustedes deben cambiar completamente su manera de pensar, y ser honestos y santos de verdad, como corresponde a personas que Dios ha vuelto a crear para ser como él." Efesios 4:23-24 (BLS)

CONTEXO

Antes de comenzar nuestra discusión acerca del bautismo, es importante que reflexionemos acerca del significado de las ordenanzas para la tradición bautista. Por supuesto que has escuchado mucho acerca del bautismo y de la Santa Cena. Pero, ¿sabes lo que estas dos acciones significan para los bautistas? El pueblo bautista tiene un entendimiento único con respecto a estas ordenanzas. Pero para poder entender lo que creemos con respecto al bautismo y a la Cena del Señor, es importante tener en cuenta dos conceptos: **sacramento** y **ordenanza.**

Por una parte, durante mucho tiempo la iglesia cristiana (esto incluye a la comunidad católico romana al igual que a las comunidades que salieron de la Reforma protestante) han considerado al bautismo y a la Santa Cena como **sacramentos.** Presbiterianos, metodistas, episcopales, ortodoxos, menonitas, luteranos y otros entienden estas dos acciones como sacramentos. ¿Qué es un sacramento? Teológicamente hablando, es un *medio de gracia.* O sea, que a través de esta acción Dios concede un poco más de la gracia que santifica al creyente. Mientras las iglesias protestantes reconocen dos sacramentos, la Iglesia Católica

Romana y las iglesias ortodoxas reconocen siete. La palabra sacramento proviene del idioma latín y significa 'misterio'. De esta forma, el sacramento es una acción en la cual, de manera misteriosa—o sea, inexplicable para el ser humano—Dios se hace real en medio de la Iglesia.

Por otra parte, las iglesias bautistas heredaron de las iglesias separatistas la idea de que el bautismo y la Cena del Señor son más bien *símbolos externos del compromiso cristiano*. Las iglesias separatistas fueron las precursoras de los bautistas en Inglaterra. Eran congregaciones que no estaban de acuerdo con la Iglesia de Inglaterra y que querían volver a la sencillez de la iglesia del Nuevo Testamento.

Una **ordenanza** para el pueblo bautista *es un acto simbólico en el que la iglesia del Señor recuerda y proclama la salvación de Dios*. La gracia de Dios ha sido ofrecida de manera completa al creyente. La palabra ordenanza se utiliza porque son actos *ordenados* por Cristo. El valor de la ordenanza reside, no en que Cristo esté presente en ellas—recuerda que el Espíritu del Señor ya está presente en la persona que acepta a Cristo según 1 Corintios 3:16, 6:19; 2 Corintios 6:14-18 y Apocalipsis 3:20—sino en que son testimonio público de la fe que tenemos en la gracia salvadora de Dios.

Teniendo esto como punto de partida, demos pues un vistazo a algunos aspectos importantes de la primera ordenanza de la iglesia: **el bautismo.**

¡LEAMOS! Te invito a que leas junto con tus compañeros y compañeras los pasajes que se presentan al comenzar esta clase. Al terminar, comparte lo que significa el bautismo para ti.

DISCUSIÓN DE LO LEÍDO EN LAS ESCRITURAS

La primera ordenanza que el pueblo bautista reconoce es el **bautismo.** Una vez más nos encontramos con la lectura de la **Gran Comisión** (Mateo 28:16-20). Es evidente que estas últimas palabras de Jesús a sus discípulos son importantes por muchas razones. En este caso, pongamos particular atención al verso 19: "Por tanto, vayan y hagan discípulos de todas las naciones, bautizándolos en el nombre del Padre y del Hijo y del Espíritu Santo" (NVI). Podemos sacar dos conclusiones: primero, Cristo les instruye a sus seguidores y seguidoras para que bauticen a quienes se convierten en discípulos; y segundo, el Señor también les recuerda que este bautismo debe ser "en el nombre del Padre y del Hijo y del Espíritu Santo".

La tradición bautista tiene una forma muy particular de entender el bautismo. Por mucho tiempo—y aun todavía en la mayoría de las iglesias protestantes—el bautismo ha sido administrado tanto a infantes como a adultos. Además, la forma en que el bautismo ha sido administrado puede ser por *aspersión*, por *derramamiento* o por *inmersión*. El bautismo por aspersión es aquel en que se rocía agua sobre la persona. Esta forma ha sido muy utilizada en la historia de la Iglesia para bautizar a pueblos que se convirtieron en masa al cristianismo. El bautismo por derramamiento o efusión es el que más se utiliza hoy día y consiste en derramar agua sobre la cabeza de la persona a ser bautizada (sea infante o adulto). La inmersión implica sumergir a la persona completamente en el agua. Esta última forma es la que el pueblo bautista ha practicado por muchos siglos.

Utilizar la inmersión obedece a razones tanto teológicas como históricas. En términos históricos la palabra bautismo, *baptizo* en griego (el idioma en el que fue escrito el Nuevo Testamento), significa 'sumergir' o 'hundir'. La razón teológica es el simbolismo que tiene el sumergir a una persona en las aguas bautismales.

El escritor de la carta a la iglesia en Roma explica lo siguiente acerca del bautismo: "Por tanto, hemos sido sepultados con Él por medio del bautismo para muerte, a fin de que como Cristo resucitó de entre los muertos por la gloria del Padre, así también nosotros andemos en novedad de vida" (Romanos 6:4, LBLA). Así que, el bautismo significa para el pueblo bautista el símbolo de haber sido "muertos al pecado" y "resucitados en Cristo".

Ahora, esto no quiere decir que quien no haya sido bautizado por inmersión no pueda ser admitido a una iglesia bautista. Muchas de nuestras iglesias entienden que es importante mantener la unidad de la iglesia de Cristo y por lo tanto aceptan en su membresía a cualquier persona que haya sido bautizada—ya sea de infante o de adulto—por cualquiera de los métodos que explicamos anteriormente, siempre que las personas a ser recibidas hayan profesado públicamente su fe en Cristo. Pero la decisión queda librada a la iglesia local, dentro de la autonomía que practicamos las congregaciones bautistas. Dado que la Biblia dice que sólo hay "un Señor, una fe, un bautismo" (Efesios 4:5, RVR), siempre que el bautismo esté administrado en el nombre "del Padre y del Hijo y del Espíritu Santo" (la Trinidad), este bautismo se considera válido.

En Hechos 2:36-47, el apóstol Pedro explica lo que pasó en el aposento alto una vez que el Espíritu se manifestó. Al terminar su sermón, Pedro llamó a las personas al arrepentimiento y quienes recibieron al Señor se bautizaron. Esto resultó en que la nueva comunidad de creyentes tuviera todas las cosas en común (Hechos 2:43-47). El bautismo nos lleva a entender que somos parte de una gran familia y de un solo cuerpo. Para los bautistas, el bautismo es el símbolo de la regeneración que ocurrió en nuestros corazones. Nos bautizamos porque ya experimentamos la justificación que tenemos en Cristo, no porque el bautismo nos justifique.

Dice la historia que el gran reformador Martín Lutero, cada vez que sentía la tentación del pecado, se detenía a pensar en su bautismo. Lutero afirmaba con seguridad: "¡Yo he sido bautizado!", y esto le permitía vencer la tentación. ¿No crees que éste sea un gran ejemplo del poder del bautismo para vencer la tentación?

EJERCICIOS GRUPALES E INDIVIDUALES

El bautismo es el símbolo de la acción regeneradora del Espíritu en nuestra vida. Cuando bajamos a las aguas bautismales estamos dando testimonio de que nuestra vida ha sido transformada. Sin embargo, no somos perfectos, sino que estamos en una "carrera" para alcanzar la perfección de Cristo. Como el apóstol Pablo nos recuerda: "Hermanos, yo mismo no pretendo haberlo ya alcanzado; pero una cosa hago: olvidando ciertamente lo que queda atrás, y extendiéndome a lo que está delante, prosigo a la meta, al premio del supremo llamamiento de Dios en Cristo Jesús"

(Filipenses 3:13-14, RVR). Discute con el grupo cómo el bautismo te puede ayudar a sentir la reconciliación con Dios a la que estamos llamados y llamadas.

El bautismo me ayuda porque…

____

____

____

MI DECLARACIÓN DE FE

A través del bautismo damos testimonio público de que queremos pertenecer al cuerpo de Cristo que es la Iglesia. Al mismo tiempo, hacemos pública nuestra declaración de que queremos ser parte de una congregación. Es muy importante que cuando una comunidad de fe nos recibe, tengamos claro cuál es nuestra fe. También es importante que la iglesia sepa de nuestro compromiso con su obra, su misión, su visión y su doctrina. Escribir nuestra propia declaración de fe nos ayuda a presentarnos de forma clara ante la iglesia. Toma una hoja de papel en blanco y escribe tus razones para ser bautizado o bautizada, o para pedir ser admitido o admitida en la iglesia. Luego, cuando el Diaconado te pida que le presentes tus razones para ser miembro de la comunidad de fe, puedes utilizar esta declaración.

OCTAVA UNIDAD

una nueva comunidad

Textos base: Marcos 14:12-25; 1 Corintios 11:17-34; Hechos 2:43-47; Lucas 24:28-35

Para memorizar: "Y se decían el uno al otro: ¿No ardía nuestro corazón en nosotros, mientras nos hablaba en el camino, y cuando nos abría las Escrituras?" Lucas 24:32 (RVR)

CONTEXO

En muchas culturas alrededor del mundo, la familia se sienta junta a la mesa para cenar. Muchas otras culturas se caracterizan por su amor a la cocina y a sus platos típicos. Cada festividad se celebra con un gran banquete en el cual todas las personas se reúnen para compartir las unas con los otros.

Ya hemos visto cuál es la diferencia entre una ordenanza y un sacramento. Al hablar del bautismo consideramos la forma particular en que el pueblo bautista entiende este símbolo de redención. Hoy hablaremos de la segunda ordenanza que el pueblo bautista reconoce: la **Cena del Señor.**

Antes de entrar en detalle sobre lo que la Cena del Señor significa para el pueblo bautista, repasemos la celebración de esta ordenanza en la historia del pueblo cristiano. Leemos en Hechos 2:46 que los creyentes de la iglesia del primer siglo se reunían y perseveraban "unánimes cada día en el templo, y partiendo el pan en las casas, comían juntos con alegría y sencillez de corazón" (RVR). La cena durante los primeros siglos del cristianismo era una celebración diaria, en la cual las personas que profesaban a Cristo compartían sus bienes comunes y testificaban de su fe en unidad.

Eventualmente, la cena se celebraba cada primer día de la semana, en conmemoración de la resurrección de Jesús. Sin embargo, muy pronto la Cena del Señor pasó a ser una celebración en la cual solamente unas personas participaban mientras otras personas quedaban excluidas de la mesa. En su primera carta a la iglesia en Corinto, el apóstol Pablo nos narra lo que ocurría en la celebración. En 1 Corintios 11:21 (RVR) leemos: "Porque al comer, cada uno se adelanta a tomar su propia cena; y uno tiene hambre, y otro se embriaga". La cena no era ya una celebración donde se experimentaba unidad y amor, sino que cada persona la tomaba para su propio beneficio, dejando que otras personas se fueran sin comer.

Hoy día la iglesia cristiana no celebra la Cena del Señor de la misma manera que se hacía en el primer siglo. Ya no tenemos un banquete en el cual unos se sacian mientras otros se van hambrientos. Sin embargo, esta ceremonia sigue siendo el punto central de la fe cristiana, donde confirmamos nuestra unidad como cuerpo de Cristo y la presencia de Dios por medio de su Espíritu. Demos un vistazo a las características de la Santa Cena en el pueblo bautista.

¡COMPARTAMOS! La Cena del Señor es símbolo de compartir. Toma este tiempo antes de continuar, para compartir con tus compañeros y compañeras de clase algún testimonio de cómo has experimentado la unidad en tu iglesia.

DISCUSIÓN DE LO LEÍDO EN LAS ESCRITURAS

La segunda ordenanza que el pueblo bautista atesora es la *Cena del Señor*. A este símbolo de unidad también se lo llama *Santa Cena*, la *Mesa del Señor* o *Eucaristía* y ha sido por los últimos dos milenios el punto central de la fe cristiana.

En el Evangelio de Marcos leemos que Jesús reunió a sus discípulos durante la celebración de la Pascua (una festividad judía que celebra la salida del pueblo de Israel de la esclavitud en Egipto). Durante esta fiesta, Jesús compartió la mesa con sus seguidores e hizo algunas declaraciones importantes acerca de sí mismo. Por ejemplo, fue en este contexto que Cristo dijo que daría su cuerpo y su sangre por las personas que habrían de seguirle: "Esto es mi sangre del [nuevo] pacto, que es derramada por muchos" (Marcos 14:24, NVI).

Cuando los bautistas nos sentamos a la Mesa del Señor, recordamos que el apóstol Pablo nos dice que las palabras de Jesús fueron: "Esto es mi cuerpo que es para vosotros; haced esto en memoria de mí. De la misma manera tomó también la copa después de haber cenado, diciendo: Esta copa es el nuevo pacto en mi sangre; haced esto cuantas veces la bebáis en memoria de mí" (1 Corintios 11:24-25, LBLA).

Posiblemente te hayas fijado en que muchas de nuestras iglesias tienen una mesa adelante en la cual está inscrita la frase "*en memoria de mí*". Esto es así porque cuando nos reunimos para celebrar la Santa Cena, estamos recordando la acción salvadora de Jesús en la cruz del Calvario. Sin embargo, a diferencia de otras comunidades de fe, los bautistas no creemos que el pan y el vino (o el jugo de uva) se transformen literalmente en el cuerpo y la sangre del Señor.

Existen varias formas de entender la Comunión. Por un lado, tenemos la *transubstanciación*, que es la creencia de que el pan y el vino se transforman en el cuerpo y la sangre reales de Cristo. Esta es la visión de las iglesias católico-romana y ortodoxa. Una segunda forma de verlo es la *consubstanciación*, que entiende que Cristo está espiritualmente presente en los elementos. Es la posición de las iglesias anglicanas y la mayoría de las iglesias protestantes históricas. Los bautistas (y un grupo pequeño de iglesias protestantes como los Discípulos de Cristo, la Iglesia de los Hermanos y los menonitas) entendemos que la Santa Cena es un *símbolo*. Por lo tanto, profesamos que Cristo está presente en su Iglesia por la acción del Espíritu Santo y que su cuerpo físico está junto al Padre (1 Corintios 12:27; 1 Juan 3:24; Marcos 16:19; Hechos 1:6-11; 1 Pedro 3:21-22).

El simbolismo de la Cena no le quita importancia ni le hace perder su centralidad en el servicio cristiano. Por el contrario, cuando pensamos en lo que significa este rito, nos podemos acercar más a Dios puesto que recordamos el amor de Dios al ofrecer a su propio Hijo por toda la humanidad. De hecho, uno de los primeros nombres que los cristianos le dieron a la Cena del Señor fue *Eucaristía* que significa '*acción de gracias*', testimonio de lo importante que es este acto en el servicio cristiano. Cuando nos acercamos a la Mesa del Señor damos gracias a Dios por su amor para con toda la humanidad. También la llamamos *Comunión* porque nos recuerda que estamos unidos a Cristo y a las demás personas que profesan la fe en nuestro Señor.

Al igual que con el bautismo, las iglesias bautistas son autónomas con respecto a quién puede participar de la Mesa del Señor. Cada congregación decide quién puede o no tomar los elementos de la comunión de acuerdo al entendimiento de la Cena del Señor que esa comunidad de fe tenga. Algunas iglesias bautistas permiten participar de la Cena sólo a las personas bautizadas por inmersión. Esto es la práctica de "mesa cerrada". Otras permiten que las personas cristianas bautizadas en cualquier iglesia que profese a Cristo tomen los elementos. Esto es la práctica de "mesa semiabierta". Por último, la "mesa abierta" se refiere a las iglesias que permiten que toda persona, bautizada o no, cristiana o no, llegue hasta la Mesa del Señor.

Al tomar la decisión de participar de la Mesa del Señor es importante tomar en consideración algunas cosas. Por ejemplo, en el relato de la **Última Cena** de Marcos 14 vemos que tanto Judas Iscariote, el discípulo que entregó a Jesús, como Pedro, el que le negó tres veces, estaban sentados a la mesa con el Señor. A la vez, nos recuerda Pablo en 1 Corintios 11:27-29 lo siguiente: "De manera que el que coma el pan o beba la copa del Señor indignamente, será culpable del cuerpo y de la sangre del Señor. Por tanto, examínese cada uno a sí mismo, y entonces coma del pan y beba de la copa. Porque el que come y bebe sin discernir correctamente el cuerpo del Señor, come y bebe juicio para sí" (LBLA). Lo importante de la Cena es saber con qué corazón llegamos hasta ella. ¿Queremos tener un encuentro con el Señor o sólo queremos que otras personas nos vean? ¿Lo hacemos con un corazón dispuesto a perdonar a quien nos ha hecho daño y dispuesto a ser perdonado por Cristo o no?

En el Evangelio de Lucas 24:28-35 encontramos parte de la historia de dos hombres que iban camino a su hogar en Emaús, luego de los acontecimientos en Jerusalén. De repente, en medio de ellos está Jesús. Siguiendo las normas sociales del primer siglo, estos dos hombres insisten en que Jesús se quede con ellos. En medio de la cena, Jesús bendice el pan y en ese preciso momento los dos discípulos reconocen que es el Mesías el que está en medio de ellos. Las palabras de los discípulos son muy reveladoras: "¿No ardía nuestro corazón en nosotros, mientras nos hablaba en el camino, y cuando nos abría las Escrituras?" (Lucas 24:32, RVR). Cuando Cristo se hace presente en medio de la cena, el corazón de quien está dispuesto a recibirle arde de alegría. Ésta es una preciosa imagen de cómo el Espíritu de Dios nos bendice cuando nos acercamos a la Mesa del Señor.

El bautismo y la Cena del Señor son símbolos que nos recuerdan el amor de Dios y la unidad de toda persona que ha confesado a Cristo y vive llena del Espíritu Santo. Por esto los celebramos regularmente y nos alegramos cada vez que podemos celebrarlos.

EJERCICIOS GRUPALES E INDIVIDUALES

La Cena del Señor es el símbolo de la acción salvadora de Cristo. Sin embargo, hay ocasiones que tomamos la Santa Cena sin el entendimiento necesario. Lee 1 Corintios 11:17-22. ¿Qué había pasado en la iglesia de Corinto? ¿Cómo podemos mantener la santidad de la Cena y su importante significado? Discute tus contestaciones con el grupo.

LA PRÁCTICA DE LA CENA DEL SEÑOR EN LA BIBLIA

Contesta las preguntas siguientes luego de buscar los pasajes de la Biblia indicados.

1. ¿Quién instituyó la Santa Cena? (Mateo 26:17-29)

____

____

2. ¿Qué representa el pan? (Lucas 22:19)

____

____

3. ¿Qué representa el vino o el jugo de uva? (Marcos 14:23-24)

____

____

4. ¿Cuándo se celebraba la Cena del Señor en la iglesia primitiva? (Hechos 2:46)

____

____

5. ¿Qué anunciamos cuando celebramos la Cena del Señor? (1 Corintios 11:26)

____

____

NOVENA UNIDAD

una iglesia regenerada

Textos base: 2 Corintios 5:16-21; Juan 12:44-50; Efesios 4:17-32; Santiago 2:14-26

Para memorizar: "...porque todos los que habéis sido bautizados en Cristo, de Cristo estáis revestidos." Gálatas 3:27 (RVR 1960)

CONTEXO

En la unidad referente al bautismo hemos visto cómo una congregación bautista se distingue por la naturaleza de la iglesia, no por la forma de bautizar. En esta unidad, estaremos viendo un poco más detalladamente el concepto de la **Iglesia** que el pueblo bautista proclama.

Para muchas personas, la iglesia es un edificio donde alguna gente se reúne para tener servicios religiosos. Este concepto de iglesia es muy contrario a lo que el Nuevo Testamento nos enseña con respecto a la naturaleza de la iglesia de Cristo.

En la historia del cristianismo como movimiento religioso han existido muchos conceptos de lo que significa ser iglesia. El que acabamos de describir es sólo el más reciente. Antes de esto, durante la Edad Media hasta la era de la Reforma protestante, la iglesia estaba compuesta por aquellas personas que vivían en una región geográfica determinada. A este conglomerado se lo llamaba "parroquia" y cualquier persona que viviera en los límites geográficos de la parroquia era miembro de la iglesia.

Sin embargo, antes de que este concepto se desarrollara, cuando el Nuevo Testamento estaba en proceso de escritura y a la nueva comunidad de creyentes se la conocía como "los del

Camino", el concepto de la iglesia tenía un significado muy diferente. Hoy exploraremos este significado neo-testamentario de la iglesia de Cristo.

¡CANTEMOS! Hay muchos cánticos hermosos acerca de la iglesia de Cristo. Toma este tiempo para compartir con tus compañeros y compañeras de clase alguno de ellos.

DISCUSIÓN DE LO LEÍDO EN LAS ESCRITURAS

A quienes seguían las enseñanzas de Jesús durante el primer siglo de la historia del cristianismo no se les llamaba "iglesia", ni siquiera eran conocidos como "cristianos". En cambio, según el libro de los Hechos, a estas personas se las llamaba "los del Camino" (Hechos 19:9, 23). No fue sino hasta después de la primera persecución, luego de que Esteban fuera martirizado, que a los seguidores y las seguidoras de Jesús que se habían refugiado en Antioquía se les llamó **cristianos** por primera vez (Hechos 11:19-30).

Ahora bien, la palabra iglesia tiene otra connotación. Cuando hablamos de un grupo de creyentes como iglesia de Cristo estamos utilizando un concepto político más que religioso. En griego, la palabra iglesia es *ekklesía* que significa 'una asamblea de ciudadanos'. La *ekklesía* era la reunión de los ciudadanos—todos eran varones en el contexto social y político de Grecia y de Roma— que se congregaban para llevar a cabo deliberaciones políticas.

Cuando la comunidad de creyentes comenzó a llamarse a sí misma "iglesia de Cristo" lo hizo con el propósito de revelar su naturaleza religiosa y política. Por una parte, la iglesia era una nueva comunidad de creyentes que se consideraban como la asamblea de quienes habían experimentado la salvación. Pero al mismo tiempo, la iglesia era una asamblea diferente e independiente del Estado o, en el caso de los primeros cristianos y cristianas, del Imperio.

En el contexto de la fe bautista, la iglesia se entiende como la comunidad de creyentes que han experimentado la regeneración en el Espíritu de Cristo. Es necesario explicar también estas palabras. **Regeneración** es una palabra compuesta, que significa 'ser generado de nuevo'. O sea, cuando el pueblo bautista habla de una membresía regenerada lo que se proclama es que la comunidad de creyentes está compuesta por quienes han experimentado un nuevo nacimiento en Cristo.

Pablo nos habla un poco de este nuevo nacimiento en su primera carta a la iglesia en Corinto. En dicha epístola, el apóstol nos dice que "Ahora que estamos unidos a Cristo, somos una nueva creación. Dios ya no tiene en cuenta nuestra antigua manera de vivir, sino que nos ha hecho comenzar una vida nueva" (2 Corintios 5:17, BLS). En la unidad que tenemos con nuestro Señor, el Espíritu de Dios nos hace nuevas criaturas. Si bien es cierto que la apariencia no cambia, también es cierto que nuestra forma de ser, nuestra naturaleza espiritual, nuestro ser completo como creación de Dios, es transformado. Otra vez Pablo lo expresa de una manera hermosa: "Antes éramos sus enemigos [de Dios], pero ahora, por medio de Cristo, hemos llegado a ser sus amigos, y nos ha encargado que anunciemos a todo el mundo esta buena noticia: Por medio de Cristo, Dios perdona los pecados y hace las paces con todos" (2 Corintios 5:18-19, BLS).

Todo esto es posible porque Dios se hizo carne para darnos la posibilidad de una vida nueva. En el evangelio de Juan, Jesús nos recuerda cuál fue su misión en este mundo. Dice Jesús: "Yo, la luz, he venido al mundo, para que todo el que cree en mí no permanezca en tinieblas" (Juan 12:46, RVR 1960). Aunque muchas personas ven a Jesús como un juez despiadado, las Escrituras nos presentan a Jesús como un salvador bondadoso. "Si alguno oye mis palabras y no las guarda, yo no lo juzgo; porque no vine a juzgar al mundo, sino a salvar al mundo" (Juan 12:47, LBLA). El Señor está dispuesto a perdonar y a hacernos parte de su iglesia, porque su propósito es salvar al mundo, no condenarlo.

Para el pueblo bautista es muy importante vivir una vida que dé testimonio de que hemos sido regenerados y regeneradas en Cristo. Esto es únicamente por obra del Espíritu Santo y no nuestra. Pero a su vez, una vida regenerada mostrará los frutos de dicha regeneración. Con respecto a la manera de vivir una vida que dé testimonio de nuestra regeneración, el apóstol Pablo nos dice en su carta a los efesios: "Así que les digo esto y les insisto en el Señor: no vivan más con pensamientos frívolos como los paganos" (Efesios 4:17, NVI). De hecho, esta lectura de Efesios 4:17-32 nos ofrece una clara visión de lo que significa una vida regenerada. Te invito a que prestes atención a las sugerencias de vivir en Cristo que Pablo nos presenta en estos textos.

Los bautistas entendemos que la iglesia es la asamblea de quienes han sido regenerados y regeneradas. Estas personas han de producir fruto que dé muestras de su regeneración. Las obras de fe son aquellas que nos identifican como pueblo regenerado. En Santiago 2:17-18, dice: "Así también la fe, si no tiene obras, es muerta en sí misma. Pero alguno dirá: Tú tienes fe, y yo tengo obras. Muéstrame tu fe sin tus obras, y yo te mostraré mi fe por mis obras" (RVR 1960). Por eso el pueblo bautista se entrega con esmero a mostrar su fe con obras de acción social que contribuyen al bienestar de toda la gente, como muestra de su compromiso como iglesia regenerada.

Por último, es importante señalar que dentro de la tradición bautista se proclama que ninguna persona puede determinar quién es parte de la comunidad regenerada de individuos y quién no lo es. Sin embargo, la iglesia como cuerpo de Cristo tiene unas características a las que llamamos "las marcas de la Iglesia". Esta *Iglesia* a veces se escribe con mayúscula porque está compuesta por todas las personas que en todos los tiempos, en todo lugar y en todas las culturas han sido llamadas a la regeneración. Entre estas marcas están las siguientes:

- La Iglesia es UNA: aunque existen miles de denominaciones, de las cuales los bautistas somos solamente una expresión, la iglesia de Cristo es una sola. No podemos dividir a Cristo (1 Corintios 1:10-17).
- La Iglesia es SANTA: o sea, la iglesia de Cristo ha sido separada para Dios y es guardada por el Espíritu Santo (1 Pedro 2:9-10).
- La Iglesia es CATÓLICA: el término "católico" significa 'universal'. Esto quiere decir que la iglesia de Cristo es de todo el mundo y para todo el mundo. Quienes seguimos a Cristo provenimos de todas las

naciones, de todas las tribus y de todas las lenguas de la tierra (Mateo 28:16-20; Marcos 16:14-18; Juan 3:16-17).

- La Iglesia es APOSTÓLICA: con esto queremos decir que la iglesia de Cristo está fundamentada en las enseñanzas recibidas de los apóstoles, aquellas personas a quienes Jesús envió a enseñar (Hechos 2:41-42).

En fin, las comunidades bautistas son solamente un grupo de personas redimidas que, con el poder y la autoridad del Espíritu Santo de Dios, se reúnen para proclamar la Palabra Viva que es Jesús y para trabajar en comunidad en el servicio al mundo.

EJERCICIOS GRUPALES E INDIVIDUALES

Dramatización del nuevo nacimiento En el evangelio de Juan 3:1-15, Jesús tiene una conversación muy interesante con un maestro de los judíos llamado Nicodemo. En esta narración Jesús le dice a Nicodemo que es necesario nacer de nuevo para heredar el reino de los cielos (o sea, para hacer realidad la salvación en nuestra vida).

Lee cuidadosamente el pasaje y planea una pequeña dramatización de lo ocurrido. En este diálogo sólo hay dos personajes: Jesús y Nicodemo. Intenta poner la conversación en términos contemporáneos. ¿Qué le diría Jesús a Nicodemo si ambos estuvieran viviendo en nuestro contexto histórico? ¿Cómo sería la interacción entre estos dos personajes en el día de hoy?

La vida nueva en Cristo Como te diste cuenta en el estudio, en Efesios 4:17-32, Pablo nos ofrece una serie de recomendaciones para vivir como personas regeneradas. En el espacio provisto, haz una lista de aquellas cosas que entiendes debes cambiar en tu vida para mostrar que realmente has sido transformado o transformada por el Espíritu de Dios. En la otra columna, escribe aquellas cosas que, a partir de hoy, harás diferente para mostrar al mundo la gracia de la salvación que Dios te ha concedido.

Mi antiguo yo hace…	*De hoy en adelante haré …*
____________________	____________________
____________________	____________________
____________________	____________________
____________________	____________________
____________________	____________________

DÉCIMA UNIDAD

el llamado a la mayordomía

Textos base: Génesis 1:26-31 y 2:4-17; Lucas 21:1-4; Mateo 6:5-6; 1 Corintios 1:4-9; Efesios 4:1-6; 1 Tesalonicenses 2:8-12

Para memorizar: "Porque misericordia quiero, y no sacrificio, y conocimiento de Dios más que holocaustos." Oseas 6:6 (RVR)

CONTEXO

Probablemente hayas escuchado muchos sermones o charlas acerca de lo que significa la mayordomía cristiana. Es posible que en algunos de estos sermones se haya mencionado que la mayordomía no tiene que ver solamente con el dinero, aunque éste sea una parte importante de ella. El pueblo bautista entiende la mayordomía cristiana como un todo, que comprende cada una de las dimensiones de nuestra vida, y que abarca desde nuestra naturaleza como creación de Dios hasta nuestra relación con el mundo y nuestra espiritualidad.

En la clase de hoy prestaremos atención a cinco aspectos de la mayordomía cristiana y por qué son indispensables para mantener nuestra identidad como pueblo bautista y como expresión del cuerpo de Cristo. En español, estos aspectos de mayordomía se conocen como las cinco *T*: *Tiempo*, *Trabajo*, *Tesoro*, *Talentos* y *Testimonio*. Demos un vistazo a estas categorías.

> **¡LEAMOS!** Te invito a que leas los textos claves para esta clase. Comparte con tus compañeros y compañeras por qué crees que estos versículos se relacionan con la mayordomía.

DISCUSIÓN DE LO LEÍDO EN LAS ESCRITURAS

En términos generales podemos decir que la mayordomía es un principio bíblico porque es uno de los primeros mandamientos que Dios le dio al ser humano. En el relato de la creación, que encontramos en Génesis 1:26-31, vemos cómo Dios le dice al ser humano—tanto al hombre como a la mujer—que nuestra responsabilidad es *administrar* la creación. Según este pasaje, una vez que Dios creó al ser humano, le dijo: "Sed fecundos y multiplicaos, y llenad la tierra y sojuzgadla; ejerced dominio sobre los peces del mar, sobre las aves del cielo y sobre todo ser viviente que se mueve sobre la tierra" (Génesis 1:28, LBLA).

En estos versículos, Dios no pide al ser humano que explote la creación. Por el contrario, en el original hebreo nos dice que *administremos* la creación. Esto es evidente en el capítulo dos del mismo libro, en que queda claro que el propósito de Dios es que el ser humano cultive y cuide del jardín del Edén (Génesis 2:15). De hecho, el texto dice: "Tomó, pues, Jehová Dios al hombre, y lo puso en el huerto de Edén, para que lo labrara y lo guardase" (RVR). Así que, la buena administración de lo que nuestro Señor nos dio es el principio de la mayordomía cristiana.

LAS CINCO T:

■ *Tiempo*: Comencemos con el *tiempo*. ¿Cuánto tiempo dedicas a cultivar tu relación con Dios? En el Evangelio de Mateo 6:5-6, leemos la recomendación de Jesús con respecto a la forma de orar. Pero más que esto, vemos cómo el Señor nos invita a tomar tiempo para hacerlo. Esto es, que dediquemos tiempo a nuestra relación con Dios.

Para los bautistas, dada nuestra identidad como un pueblo de sacerdotes, es importante que prestemos atención a esta característica de la mayordomía. Cristo mismo nos invita a administrar nuestras vidas de tal manera que tengamos tiempo suficiente para cultivar nuestra relación con el Espíritu de Dios—por eso el consejo de Jesús con respecto a la oración: "Vaya a su cuarto, cierre la puerta y hable allí en secreto con Dios, su Padre, pues él da lo que se le pide en secreto" (Mateo 6:6, BLS). Por tanto, es importante administrar bien el tiempo que dedicamos a la relación con nuestro Creador.

■ *Trabajo:* Si dedicamos tiempo a nuestra relación con Dios, esto quiere decir que dedicaremos tiempo a trabajar en su obra. Pero aun más que esto, nuestro *trabajo*, tanto secular como el que desarrollamos en la congregación, debe ser administrado de tal forma que sea ejemplo de nuestra vida cristiana.

El apóstol Pablo le escribe a la iglesia en Tesalónica recordándoles el duro trabajo que él siempre llevó a cabo. "Porque recordáis, hermanos, nuestros trabajos y fatigas, cómo, trabajando de día y de noche para no ser carga a ninguno de vosotros, os proclamamos el evangelio de Dios" (1 Tesalonicenses 2:9, LBLA). Pablo trabajaba como misionero, pero también trabajaba construyendo tiendas las cuales vendía para sostener su trabajo misionero (Hechos 18:1-3). Su trabajo como constructor de tiendas era evidencia de que Pablo era un buen administrador y mayordomo de las bendiciones que Dios le ofrecía. Así mismo, quienes confesamos a Cristo estamos llamados y llamadas a ser buenos mayordomos y buenas mayordomas de nuestro trabajo, para así dar muestras de nuestro compromiso con Dios.

■ *Tesoro:* Quizás uno de los aspectos más conocidos de la mayordomía cristiana sea nuestro llamado a administrar bien nuestras finanzas y aportar económicamente al trabajo de la iglesia. Siendo que nuestros *tesoros* provienen de Dios, es innegable que le pertenecen a Dios.

El pueblo bautista entiende que cada iglesia es autónoma, por lo cual es responsabilidad de cada congregación local sostener económicamente tanto a sus programas misioneros como a sus pastores o pastoras. Es también importante que la mayordomía se exprese debidamente en la forma de compartir nuestro tesoro con el resto de nuestros hermanos y nuestras hermanas.

No hay mayor ejemplo del sacrificio de ofrendar que el pasaje de Lucas 21:1-4 en que se narra el episodio de "la ofrenda de la viuda". Según el relato, Jesús se asombró al ver que esta viuda, que poseía muy poco, fue capaz de ofrendar lo que tenía para sostener el trabajo del Templo. Por supuesto, en las iglesias bautistas no vamos a exigir que nadie pase hambre por no poder ofrendar. Por el contrario, una comunidad bautista entiende que es responsabilidad de toda la congregación cuidar de aquellas personas que tienen necesidad. Así es como una congregación local utiliza sus tesoros: compartiéndolos con quienes lo necesitan, para que cuando seas tú quien pase necesidad te podamos ayudar.

■ *Talentos:* El Espíritu Santo de Dios nos ofrece *dones* y *talentos*. En su carta a los corintios, Pablo da gracias a Dios "por la gracia de Dios que [les] fue dada en Cristo Jesús" porque esta iglesia fue enriquecida por Dios "de tal manera que nada [les] falta en ningún don, esperando la manifestación de nuestro Señor Jesucristo" (1 Corintios 1:4, 7, RVR).

Dios ofrece talentos y dones a su iglesia con el propósito de llevar a cabo la obra de Cristo en la tierra. Por esto el pueblo bautista enfatiza la necesidad de tener una buena mayordomía de nuestros talentos, a fin de proclamar las buenas nuevas de salvación.

■ *Testimonio:* Indudablemente el *testimonio* de la persona cristiana es importante. Aquí nos remitimos a Efesios 4:1-6, donde el apóstol Pablo nos recuerda cómo las personas que seguimos a Jesús debemos comportarnos. La buena mayordomía de nuestro testimonio nos ofrece la oportunidad de revelar la gracia de Dios que es en Cristo Jesús. ¿Te has puesto a pensar en lo importante que es ser buen mayordomo o buena mayordoma de tu testimonio? Definitivamente, cuando administramos con sabiduría la forma en que vivimos el evangelio, podremos decir con satisfacción que somos parte del cuerpo de Cristo, la iglesia del Señor.

EJERCICIOS GRUPALES E INDIVIDUALES

Has visto cómo existen diversas formas de utilizar nuestro tiempo, talentos, tesoros, testimonio y trabajo para la gloria de Dios. En el espacio siguiente, haz una lista de aquellas áreas de mayordomía que piensas puedes mejorar. En la otra columna, escribe las acciones concretas que harás para alcanzar tu meta de ser un buen mayordomo o una buena mayordoma de las bendiciones que Dios te ofrece.

Área:	Acciones a seguir:
Tiempo: ______________________	______________________
Talentos: ______________________	______________________
Tesoros: ______________________	______________________
Testimonio: ______________________	______________________
Trabajo: ______________________	______________________

LA FÓRMULA PARA TU DIEZMO AL SEÑOR

Una fórmula muy sencilla para una buena administración de los bienes económicos es la siguiente:

- Iglesia = 10%
- Ahorros = 20%
- Gastos necesarios = 70%

Posiblemente tengas que hacer cambios a tus hábitos de consumo, pero esto te permitirá tener lo suficiente para tus necesidades diarias así como para cumplir con tus responsabilidades. Al mismo tiempo, te ofrecerá la posibilidad de guardar una reserva para el caso de una emergencia. Además, recuerda que toda la iglesia está allí para ayudarte en los momentos difíciles…¡Esto es tener una buena mayordomía de las bendiciones de Dios!

being baptist

lessons for new members

J. MANNY SANTIAGO

Foreword by Elizabeth Conde-Frazier

JUDSON PRESS
PUBLISHERS SINCE 1824
VALLEY FORGE, PA

Being Baptist: Lessons for New Members

Library of Congress Cataloging-in-Publication Data

Santiago, J. Manny. Being Baptist : lessons for new members / J. Manny Santiago.
—1st ed. p. cm. ISBN 978-0-8170-1556-5 (pbk.: alk. paper) 1. Baptists—Doctrines—Textbooks. 2. Baptists—Membership—Textbooks. I. Title.
BX6225.S26 2009
230'.6—dc22 2009014061

Printed in the U.S.A.
First Edition, 2009.

foreword

Hispanics are a diverse people. We have our roots from many different countries—from Mexico and Latin America, from Puerto Rico and the Caribbean, from South America and even Spain. Many of us speak Spanish but not all, and even among those who speak Spanish, we have different names for different things. We have different histories, nationally, regionally, and individually, histories that determine our values, beliefs, traditions, and customs. Our origins are particularly complex because they include multiple layers of conquests, each of which introduced to us a different religion. You see, a conqueror seeks to gain power over the people not only militarily but morally, and religious conversion has the potential to change the patterns of life and worldviews as the conquered people willingly give themselves up to the control of the new power.

A religion usually includes a set of symbols, stories, and beliefs that gives meaning to the practitioner's experiences, setting the framework for law, ethic, and lifestyle. Core religious symbols provide the ultimate root of the group's identity. This is why it is important to understand the roots of one's religious practices.

In the creation of this bilingual resource, pastor and author J. Manny Santiago acknowledges both our diversity as a Hispanic people and the power of religious faith in the formation of our identity. Our journeys of immigration and migration have created a mosaic of religious experiences, practices, and idiosyncrasies along the way. In these six studies, Pastor Santiago seeks to nurture us in our identity as Baptists and to give us tools for understanding our beliefs and practices.

What is the alternative if such a foundational identity as Baptist Christians is not solidly laid? We know that people who migrate are constantly caught in the interplay between continuity and

change. Second and subsequent generations of Hispanics must come to terms with these tensions and ambiguities if they are to grapple with their identity. As young people grow they come to a place of abstract thinking and they begin to ask questions about how to live and move and have being in two worlds. How should they choose between the two? Can they create a world that is both and yet neither?

These questions of identity must be connected with their faith formation. Where is God in these two worlds? How do the Scriptures inform this journey of identity? What beliefs support and nurture them? How might a congregation address the questions of the parents and of maturing children as well? How young people answer these questions will influence their theology and identity for years to come. Relying heavily on the biblical text and its collection of narrative, prophecy, and wisdom gathered from migrant peoples over a range of times and cultures, Pastor Santiago offers valuable guidance for asking the questions and discovering the answers together in a community of faith.

Why is this important? For Hispanics, many experiences shape the questions we ask when we pray, study the Bible, or speak about our faith. Our histories of conquest and journeys of migration have taught us to adjust to new ways of living, to expand our customs and create new ones, to question unjust laws, to shape an ethic of dignity and justice—all of which are very much a part of our identity as Baptists. Our migrant experiences have taught us how to live in two cultures, to adapt and to adopt. This process is what some would call border crossing—a continual walking out of one culture and into another. It is the transfer of the cultural and spiritual values of one group to another. Because we live between the two worlds and not just in one or the other, then we create a borderland—a place where two worlds collide and produce a multiplicity of views. It is here that we come to understand how opposing ideas can interact with one another, how to tolerate ambiguity, and how to keep opposites in tension. It is a whole other way of making meaning. In this practical and accessible volume, Pastor Santiago helps Hispanics of all generations—first, second, and

beyond—to formulate their identity and their faith through a meaning-making process. Perhaps even more exciting, through these biblical studies, Pastor Santiago helps us to reflect on our practice and understanding of mission so that we can begin to articulate a coherent understanding of the Hispanic church.

All of this speaks to a process of doing theology—a process necessary for maintaining the relevancy of our Christian faith in different cultural and historical contexts. Christian theology is the discourse about the content of the faith and its implications for life. The discourse takes place as the people of God seek to understand the revelation of God in their daily experiences. The task of theology is to ask and answer questions pertinent to one's experience of God in relevant ways to one's culture and communal journey of faith. In this slim volume, Pastor Santiago equips today's Hispanic Baptists to craft their own theology and to become the people of God in this time and in these places, straddling two worlds and ushering the reign of God into the borderland of our lives.

—Elizabeth Conde-Frazier, MDiv, PhD
Dean, Esperanza College
Philadelphia, Pennsylvania

introduction

Each Baptist denomination in the United States has a wide-range of resources available for church members that are intended to help them explore their Baptist identity and understand their roles as people of God. Mostly, this information is only offered in the English language. This means a large number of people in the Baptist family are left out when it comes to understanding Baptist particularities as an expression of the body of Christ. Hispanic churches in the United States, especially Baptist churches, seldom offer resources to help Spanish-speaking believers understand church history, traditions, policies, and polity.

Frequently, Hispanic people come to our congregations with an urgent need to understand the principles of the Baptist family. Oftentimes, it is noted how our churches are filled with people simply because we're the only Protestant congregation in the neighborhood. This is a wonderful blessing, but it is also a great challenge when trying to teach new Christians, or converts, about the Baptist commitment of faith. It is essential to recognize that our Hispanic communities are not monolithic structures: rather, they are a blend of traditions and expressions of the Christian faith.

Within the conglomerate of the Hispanic church in exile[1] and even in the first and second generations of Hispanics in the United States, there is a lack of understanding as to what makes us Baptist. To my knowledge, there are many reasons for this. First, there is a belief throughout Latin American countries that "the Baptist church" is a single structure or denomination. Second, as previously mentioned, there is a lack of available Spanish or bilingual resources created with an understanding of the Hispanic church. Third, there is a general lack of knowledge among Hispanic communities about the history of the church, and of the Baptist family

in particular. The fourth reason is in regards to the impact of the Pentecostal and Charismatic movements on mainstream Protestant communities throughout Latin America. There are a host of other factors that have influenced the understanding of the Baptist doctrine and faith.

The main purpose of this guide is to explore our identity as Baptists, in the larger sense, and as members of a people that is diverse in theology, practice, and liturgy. It is not the goal of this booklet to answer each and every one of the questions surrounding our identity as Baptists, but it is the continuation of a long journey that has tried to define who we are as a people of faith.

This curriculum sprung from the needs of the congregation at the First Baptist Church of the Community in Elmhurst, New York; a church that called me to serve their people in the spring of 2006. It's devised into ten units, covering themes ranging from the Bible to church ordinances. In no way does this mean that there are only ten characteristics that make up the Baptist denominations. In fact, even those who have committed their lives to studying Baptist history and theology have not agreed on how many commonalities we share. Throughout history we have seen many characteristics that are appropriate to a specific time or circumstance. For example, in the nineteenth century, theologian Edgar Young Mullins[2] characterized the principles of the Baptist denominations into twenty-six groups while in the twentieth century, pastor and theologian Justo Anderson[3] grouped them into seven, and theologian Walter B. Shurden[4] characterized four principles. However, twenty-first-century theologians Curtis W. Freeman, James W. McClendon and C. Rosalee Velloso Ewell[5] each used five.

The ten units of this work are as follows: the Bible, lordship of Christ, soul liberty, priesthood of all believers, autonomy and interdependency, missions and evangelism, ordinance of baptism, ordinance of Communion, the nature of the church, and Christian stewardship. In each unit we will explore our identity as a Christian community. A biblical and theological basis for our understanding is also provided. Each of the Baptist particularities is equally important and each one deserves to be explored, studied, understood,

and treasured by each member of our congregations. The characteristics of our identity are not presented in hierarchical order, because each of them is mutually related. The only fundamental principle for Baptists is: the Bible is our rule of faith and conduct. Our essential beliefs stem from this premise.

The lordship of Christ over all in our lives is the basic characteristic of Christianity as a religion, and of the Baptist tradition in particular. As a Christian people, we must understand that regardless of our differences, we share in the same Spirit of the Lord Jesus, the Christ, and in the oneness of his body, the Church. As we embark on this journey, it is important to remember the words of Paul to the church in Ephesus: "I urge you to live a life worthy of the calling you have received. Be completely humble and gentle; be patient, bearing with one another in love. Make every effort to keep the unity of the Spirit through the bond of peace. There is one body and one Spirit—just as you were called to one hope when you were called—one Lord, one faith, one baptism; one God and Father of all, who is over all and through all and in all" (Ephesians 4:1-6, NIV).

NOTES

1. By using the expression "Hispanic church in the exile," I am talking about those who, for many reasons, have left our home countries in order to live in the United States.
2. E. Y. Mullins, *Baptist Beliefs*. (Valley Forge, PA: Judson Press, 1991).
3. Justo Anderson, *Historia de los Bautistas*, tres tomos. (El Paso, TX: Casa Bautista de Publicaciones, 1993).
4. Walter B. Shurden, *The Baptist Identity: Four Fragile Freedoms*. (Smyth & Helms Publishing, Inc.: Macon, GA, 1993).
5. Freeman, McClendon, and Velloso Ewell, *Baptist Roots: A Reader in the Theology of a Christian People*. (Valley Forge, PA: Judson Press, 1999).

format of this study

It is important for a Bible study class—or any class, for that matter—to be presented to students in a clear and consistent manner. Therefore, when preparing for class it is necessary to consider the challenges such an endeavor presents. Each participant is unique, and his or her learning abilities are as diverse as he or she is. When it comes to studying the Baptist identity in Spanish-speaking or Hispanic churches, the challenge is even greater. For this reason, it is essential for teachers to acknowledge the diversity within each group. It is also important to recognize that Spanish is spoken in a variety of forms and shades. In addition, *Spanglish*—or, a mixture of Spanish and English mother tongues—is common in Hispanic communities in exile. Thus, when this material is presented to an English-speaking audience, the teacher must take into account that the study was written with the Hispanic community in mind, as many of the cultural references throughout the book originate in the Hispanic reality.

As vast as the culture itself is, so is the religious background of each person. If recent studies hold true, the average person has changed denominations several times throughout his or her lifetime. This means that not every person who comes through the church doors is a new believer; rather, he or she could be someone with previous exposure to the gospel who may be seeking a new church home. Still, others may be new Christians, and it is vital to keep their newfound faith in mind when presenting information. Finally, it might be possible for a group to be heterogeneous, where people of different ages, races, and life experiences are taking the class together. Keep this diversity in mind when presenting ideas, day-to-day experiences, and when making cultural and historical references.

Having taken the previously mentioned circumstances into consideration, this curriculum was developed in such a way that it is easy to use and understand. Each unit also provides a section for participants to express personal thoughts and ideas. Although every unit shares the same elements, teachers are strongly encouraged to present the weekly topics in a variety of ways.

The format of this course is simple. Each unit begins with a section of the Bible that is to be studied. Following the text, a single Bible verse is provided, and is intended to be memorized by each participant. At times, the group will be asked to join in singing a praise song that relates to the theme, giving students the opportunity to relate old hymns and modern songs to the teaching traditions of the church. After the song, a brief historical, sociological, or religious explanation of the text will be given in order to provide context for the discussion. Finally, a series of practical life applications will conclude the learning experience. Some of the exercises will be completed as a group, while others are meant to engage students in a more meaningful, independent study at home.

One very important aspect of this guide is the use of several Bible versions. Exposure to a variety of Biblical translations gives students a feel for the diverse, religious experience deeply rooted in the Baptist tradition, and it also helps participants be open-minded towards different readings of the Scriptures. In addition, inclusive language is used throughout the book, and teachers are encouraged to do the same during each class session. Following Paul's advice to the church in Galatia, he says that in Christ, "there is neither Jew nor Greek, slave nor free, male nor female…" (Galatians 3:28, NIV). Therefore, this booklet acknowledges the participation of women in all aspects of the life of the church. In the same manner, it recognizes that "God is spirit" (John 4:24) and is not bound by human gender divisions. Therefore, a variety of words and expressions are used in reference to God. The most common expression is "God," but a diversity of images is also used when describing the Lord.

With all of this in mind, I invite you on a journey of cooperative learning in discovering our identity as people of God.

UNIT ONE

the lamp that lights our path

Key Scriptures: 2 Timothy 3:16-17; John 14:26; 2 Peter 1:20-21

Memorize: "Your word is a lamp to my feet and a light for my path." Psalm 119:105 (NIV)

CONTEXT

One of the most important events during the Protestant Reformation in the XVI century was the accessibility of the Bible to the general population. The reformers proclaimed the Bible as the all sufficient rule of faith and order for the church. In fact, the invention of the printing press in 1450 by German inventor Johannes Gutenberg gave the Reformation the ability to produce books and made them more affordable for those who wanted to obtain one of the most important books in their lives: the Bible.

Up until Gutenberg's invention, owning a Bible was nearly impossible for the average person. Not only was this due to cost, but also because many people were illiterate. Very few educated men (with the exceptions of priests or monks) could actually read the Bible. Therefore, the church nearly remained in absolute control of the Scriptures. Yet, people still had a yearning to access the Bible, which explains why when the Bible became widely available it was one of the biggest successes of the new technology.

Not only was the Bible a bestseller, it provided people with the opportunity to access the Scriptures without intervention from the church. Access to the Bible allowed people of faith to independently discover God's expectations and purpose for lives, and they quickly noticed the areas in their lives that needed to be changed.

Historically, Baptist churches proclaim the Bible to be the only source of faith, sufficient to teach believers about God's truths, as well as the standards by which to live in ways that are pleasing to God. Baptists believe the Bible is God-*inspired*, and therefore is *authoritative* in matters of faith and order. But what is meant by saying the Bible is *inspired* or *authoritative*? Both of these beliefs will be explored in this unit and are based on the verses provided at the beginning of the study.

LET'S READ! Read the Key Scripture passages listed at the beginning of the unit. Examine them closely, and share your impressions with the group.

DISCUSSION OF THE KEY SCRIPTURES

In his second letter to the young pastor Timothy, the apostle Paul states, "All Scripture is God-breathed and is useful for teaching, rebuking, correcting and training in righteousness so that the man of God may be thoroughly equipped for every good work" (2 Timothy 3:16-17, NIV). Note how Paul says that the Bible contains God's message to humanity and is useful for teaching, training, and correcting. Many people think that by professing the Bible as inspired, it means that each word is the literal word of God. There is no problem with taking the Bible seriously (it's actually encouraged), but when stating that the Bible, as a whole, is the Word of God, it is important to remember it contains the expressions of many people.

In fact, it took several people over a period of centuries to write the Bible. Therefore, at times, it can be hard to discern what a given writer is trying to say, and what message God is trying to convey through a particular Bible story in relation to modern times. Because Baptists take seriously Christ's call of not adding or taking out of what is written (Revelation 22:19; Deuteronomy 4:2, 32), it is essential to approach the Word of God with the necessary tools to interpret it correctly. This further explains why Baptists use sociological, religious, political, historical, and other resources to better understand its meaning. By looking at the context in which

the Bible was written, it is easier to gain a clear understanding of how the Lord works by bringing believers into a closer relationship with God through the work of the Holy Spirit. Jesus himself said the Spirit of God would lead us in our understanding of the Scriptures. In the Gospel of John 14:26, it is clear what Jesus meant. When we come before the Bible, we must ask the Spirit to lead us in understanding what God wants to teach us at that moment.

The Bible has a unique trait: it's a dynamic document. For instance, in Hebrews it reads: "For the word of God is alive and powerful. It is sharper than the sharpest two-edged sword, cutting between soul and spirit, between joint and marrow. It exposes our innermost thoughts and desires" (Hebrews 4:12, NLT). Every time we read the Bible, it has a new and inspiring message. For example, something that is considered to be alive is recognizable because it is active; it has the potential to make each one of its moments special and unique. That's exactly how the Bible is! Baptist churches look in the Bible for the answers to many of life's difficult questions. In the end, that is how Baptists affirm that the Bible is inspired: believers can encounter God by reading it as long as we let the Holy Spirit lead and guide us.

Baptists hold the Bible as the only written authority in faith and order, therefore we are led to some important questions like, "What are we supposed to believe?" Or, "How are we meant to interpret the Scriptures?" Baptist churches do not have a creed, although we do believe in and confess all the truths that have been exposed in traditional creeds such as the Apostles' Creed, or the Nicene Creed. Many local congregations have a **Confession of Faith** while others use what is called a **Church Covenant** or **Pact** which defines that particular church's faith and order. However, no Baptist church would, or should, impose its beliefs and practices upon other congregations. This is what is meant by stating that the Bible is authoritative. It is the Bible, and only the Bible, that contains the standards in which believers are called to follow in order to be better people.

The apostle Peter reminds us that we should never impose our personal interpretations of the Bible upon other believers. Read

what he writes to the church: "The main thing to keep in mind here is that no prophecy of Scripture is a matter of private opinion. And why? Because it's not something concocted in the human heart. Prophecy resulted when the Holy Spirit prompted men and women to speak God's Word" (2 Peter 1:20-21, *The Message*).

When interpreting the Bible we should follow these guidelines:

- We must ask the Holy Spirit to guide us to understand what we are reading.
- When God reveals what God wants for our life, we should pay attention and act accordingly. However, it's crucial to remember it's what God wants for OUR life, not for our neighbor's life.
- It's always a positive thing to seek help from trusted sources when interpreting the Scriptures, whether it's from people, books, or using other academic tools. Group reading and discussion of the Bible ensure a proper understanding of the Lord's message to our faith communities.

It's heartbreaking when individuals sometimes use the Bible to hurt others, or to prevent them from encountering God. All too often religious leaders use the Bible as a killing sword rather than as a life-giving tool. It is imperative that believers use the Bible for what it was written and preserved to be: a lamp to light our path towards a transformative encounter with Jesus, the Christ.

GROUP AND INDIVIDUAL EXERCISES

It has been stated many times that as Baptists we believe the Bible is our sole rule in matters of faith and order. Use the two rulers below as your guide. On one, mark how much time you currently

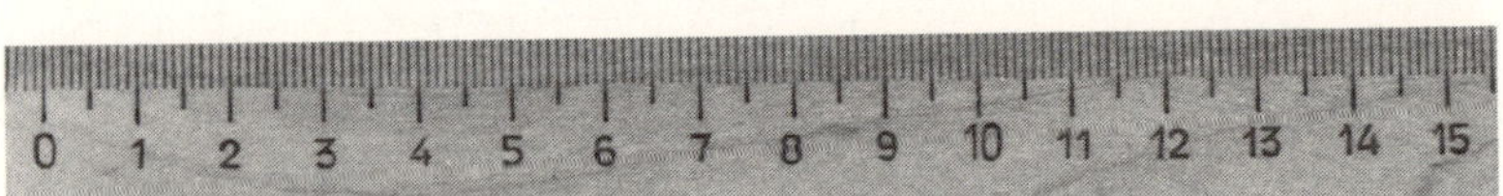

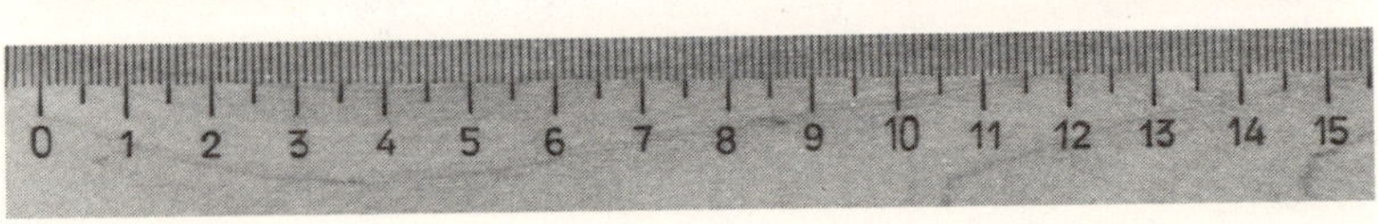

spend reading the Bible, and on the other, mark how much time you would like to spend reading the Bible from this day forward. Numbers range from 0-15, with "0" being no time at all and "15" being a lot of time. Then pray together as a group, asking God's Spirit to accomplish each goal.

THE BIBLE IS OUR ONLY RULE OF FAITH AND ORDER

The Baptist tradition places a lot of emphasis on an individual's freedom to approach and interpret the Bible for his or herself. At the same time, we understand that God's Spirit brings us closer to God through reading the Scriptures. What does the Bible mean to you? How do you feel about God's Word in the Bible? Write your responses in the space provided.

____

____

As found in the previously mentioned passage (2 Timothy 3:14-17), when the apostle Paul wrote the second letter to Timothy, he was being held prisoner; accused for proclaiming the gospel. Paul used this moment to encourage Timothy to remain faithful in his ministry.

After reading the passage, do you think you would be able to write a letter to a friend who was going through a difficult time? How would you use the Bible to offer help and encouragement? On a separate sheet of paper, write your own letter of encouragement then share it with the group.

UNIT TWO

the lordship of christ

Key Scriptures: Mark 1:14-15; John 20.24-29; Colossians 1:15-23; Philippians 2:1-11; Ephesians 1:3-14

Memorize: "Through him all things were made; without him nothing was made that has been made." John 1:3 (NIV)

CONTEXT

The Baptist family is distinguishable by its historic reluctance to adopt a creed. Although its denominations do not oppose the truths expressed in traditional creeds, Baptist churches are urged to use the Bible as the sole authority for their beliefs and practices.

Throughout the church's history, proclaiming Jesus Christ as Lord has been central to the life of the believer. Since the beginning of the Jesus movement (or primitive church), those who professed Christ did so with the certainty that Jesus was Lord. Today, when a believer or church acknowledges Christ as Lord, it has powerful, life implications.

The confession of faith is understood as a religious truth within the Christian community, and proclaiming Christ as Lord is simply an expression of that faith. However, during the Church's formation in the first century, confessing Jesus as Lord implied two things, the first being political and the second being religious.

In Greek—which was the language used by the Roman Empire—the word for "Lord" is *Kyrios*. *Kyrios* was mostly a title of nobility conferred upon an emperor as the only and supreme Lord of his people. The emperor was seen as a semi-god to whom his subjects owed respect, adoration, and obedience. When the first

believers confessed someone other than the emperor as Lord, they were viewed as rebelling against the already established oppressive, imperialist government.

In the context of first century Judaism, the Hebrew word *Adonai* was used in relation to God. When the Hebrew Bible was translated into Greek, Jewish scholars translated it as *Kyrios*, thus reserving the title specifically for God, and only God. Therefore, when the Church began proclaiming Jesus as Lord it was viewed as professing Christ as someone equal to God. These and other implications of Christ's lordship over the church will be discussed in today's class.

LET'S SING! Think of a familiar hymn or song that proclaims Jesus as the Lord of the church. Take time as a group to sing praises to our Lord and God.

DISCUSSION OF THE KEY SCRIPTURES

According to the Gospel of Mark, when Jesus began his ministry he proclaimed a historical event: "Now after John was arrested, Jesus came into Galilee, proclaiming the gospel of God, and saying, 'The time is fulfilled, and the kingdom of God is at hand; repent and believe in the gospel'" (Mark 1:14-15, ESV).

John the Baptizer announced Jesus' coming to the people of Judea. John consciously distinguished between his ministry as a prophet, and Jesus' ministry as *God-among-us*. Jesus began his ministry with the message of hope which in turn allowed him to speak about the reign of God.

Note that in the reading it never said that Jesus proclaimed himself as the Messiah, or the new King. The only thing Jesus proclaimed was that God's Reign is at hand, or near, and whoever pays attention to the gospel will take part in it. Both the Hebrew word for Messiah and the Greek word for Christ are translated into English as *chosen*. These are titles the church gives to Jesus, although Jesus himself never claimed them.

Therefore, what does the Bible mean when it declares that Jesus announced the Reign of God? At that time, the Roman Empire

was the only kingdom allowed in Judea. In New Testament times, Herod's Reign as king of Judea was merely an extension of the Emperor's power and administration. Under the rule of the Roman Empire the poor, the working class, the disabled, the disposed, and all minorities were oppressed. When Jesus began proclaiming the Reign of God, he offered hope to his followers that something better was at hand. That "something" is the Reign of God which is built by those who confess Christ as Lord.

Once Christianity began to take root, believers began to confess Christ as *Lord* or *Kyrios*. In his letters to the Philippians, Paul revealed one of the first instances in which Jesus was confessed as Lord, "who, although He existed in the form of God, he did not regard equality with God a thing to be grasped, but emptied Himself, taking the form of a bond-servant, and being made in the likeness of men" (Philippians 2:6-7, NASB). Christ's sovereignty comes not from his superiority over us, but from his shared humanity with us, thus explaining why humility is the first characteristic of Jesus' lordship. The reign that Jesus proclaims makes everything new where all people have equal access to God and to the Spirit. Christ is Lord not because he is above us, but because he has taken part in our humanity! This is the greatest example of humility, and our call is to follow it.

At the same time, Christ's lordship is a continuous hope for believers to be a part of God's Reign already among us. Again, Paul tells us: "…God has shown us his own mysterious ways. Then when the time is right, God will do all that he has planned, and Christ will bring together everything in heaven and on earth" (Ephesians 1:9b-10, CEV). When Paul writes about Christ bringing all things together, our faith in Christ is the starting point from which we build on God's Reign. When Christ teaches us how to pray in Matthew 6:9-13 and Luke 11:2-4, Jesus tells us to ask for God's Reign to come to us, and for God's will to be done here on earth, as it is done in heaven.

The hope of Christ's Reign here on earth, along with those who confess him as God and Lord, is called an **eschatological** hope. The Greek word *eschatos* means "the last things." Contrary to what

some people believe, this eschatological hope is not something in the distant future. Hope is continuous, as stated throughout the Gospel and through the very words of Jesus. In Ephesians, Paul says our hope should remain because "when the time is right, God will do all that he has planned, and Christ will bring together everything in heaven and on earth" (Ephesians 1:10, CEV).

You may be asking yourself when the "right time" is. Some say it's at the end of the world as we know it. However, by looking back at the Gospel of Mark again, it's clear that God's Reign is a reality here and now. Christ's presence in the church, through the Spirit, is the realization of eschatological hope. Christ's lordship is a certainty for those who accept him today, as well as for those who live their lives according to Jesus' example. The reign of Christ expresses itself through justice, solidarity, love, and peace, in which all people are treated with dignity and equality. The Church can then affirm and proclaim that Jesus Christ is Lord.

GROUP AND INDIVIDUAL EXERCISES

During class we discussed how God's Reign is not something we have to wait a long time for. It is something we can take part in right now. One way we help establish the Reign is through the act of service. Take a few minutes now to identify organizations or ministries in your area that help establish God's Reign by the services they provide. How can you be involved with them, thus becoming part of the "Reign builders?" Share your ideas.

1. Ministry or organization:

____

a. Way in which it reflects God's Reign:

____

b. How can I become involved?

____

2. Ministry or organization:

____

a. Way in which it reflects God's Reign:

____

b. How can I become involved?

____

3. Ministry or organization:

____

a. Way in which it reflects God's Reign:

____

b. How can I become involved?

____

There might not be an organization or ministry in your neighborhood that is actively involved in building the Reign of God through community service. How, then, can you begin a ministry that reflects the Baptist identity of Christ as Lord through humble service? Brainstorm ways in which your group can create a service-oriented ministry. Present the idea to the leaders of your congregation.

UNIT THREE

a free people in christ

Key Scriptures: Matthew 13:24-30; 16:13-17; 22:15-22

Memorize: "Simon Peter answered, 'You are the Christ, the Son of the living God.'" Matthew 16:16 (NIV)

CONTEXT

During the early years of the English colonization in America, each settlement had a pre-established church. In Maryland for instance, only Roman Catholic churches were built, whereas in Massachusetts, Puritan (or Congregationalist), communities were established. These restrictions impeded each person's ability to freely come before God.

Isaac Backus, a Massachusetts Baptist minister who faced persecution because of his religious beliefs, was also a delegate to the First Continental Congress. Backus addressed Congress by saying: *"As God is the only worthy object of all religious worship, and nothing can be true religion but a voluntary obedience unto His revealed will...every person has an unalienable right to act in all religious affairs according to the full persuasion of his own mind, where others are not injured thereby...."*[1] Backus's speech initiated the process for establishing separation of church and state in the emerging American republic.

For centuries, Baptists have fought tirelessly for individuals to have the freedom to make personal decisions about religion. Years before Backus's speech, European Baptist churches were condemned for asking the government to recognize an individual's freedom to choose a religion. In fact, some believers became

martyrs as they fought to prevent the government from punishing those who chose not to believe in anything at all. Those individuals sacrificed their lives for a cause they truly believed in.

As a whole, Baptist churches believe in what is called **soul freedom,** an understanding that God wants believers to come before Christ freely, without any intermediaries. Soul freedom does not mean the church encourages immorality or that it's an "anything goes" denomination. Quite simply, it gives Baptists the freedom to follow the guidance of the Holy Spirit when going before the Lord.

> **LET'S SING!** Now is a great time to sing to the Lord. Do you know a song that celebrates the freedom we have in Christ? If so, share your idea with the group, and join together in praising God for our freedom!

DISCUSSION OF THE KEY SCRIPTURES

In the parable of the weeds among the wheat, Jesus tells the disciples that the only person who has the right to get rid of weeds is a farm's owner. The owner then instructs his servants, "Let them grow together until harvest time. Then I'll instruct the harvesters to pull up the thistles and tie them in bundles for the fire, then gather the wheat and put it in the barn" (Matthew 13:29b-30, The Message). Oftentimes, people within the church want to "own the farm" by judging others. In doing so, we are claiming responsibility for who is worthy and who is not worthy of God's love. However, Jesus himself says it is God, and only God, who has the authority to determine who is "the wheat" and who is "the weed." The parable teaches us not to judge others, as well as to refrain from determining who the most spiritual people are within our faith communities.

Each individual is unique. Therefore, every person deserves to be treated as a child of God. The Bible states there is only one mediator between God and us: Christ Jesus (1 Timothy 2:5). By judging other people's spirituality and ways of life, we are imitating Lucifer, the angel who wanted to be like God (Ezekiel 28:1-19). It is for this reason that Baptists hold soul freedom in such high regard; we want to worship God as individuals.

On the other hand, a Baptist believer recognizes the importance of being in communion with those who worship God with all their hearts. The Bible encourages believers to come together as a community to worship. In the book of Matthew, Jesus professes, "For where two or three are gathered in my name, I am there among them" (Matthew 18:20, NRSV). Also, in Hebrews 10:24-25, there are clear instructions to never stop gathering for worship as others have already done.

Soul freedom has many more implications. In the Gospel according to Matthew, there is an account where Jesus asks his followers about who people are saying he is (Matthew 16:13-17). The disciples give him all sorts of answers. Jesus then turns the question around: "But who do you say I am?" (Matthew 16:15, CEV).

Jesus is most concerned with an individual's personal understanding of him and God. This is why Baptist congregations emphasize the conversion experience as an integral part of who we are. Our faith communities want each person to make a personal decision about God and Christ. A personal decision to follow Christ is a way for our faith to be strong; for we freely come to Christ through the action of the Holy Spirit, not because someone forces us to do so. Because of this belief, our congregations prefer to baptize adults instead of children, but that particular issue will be discussed in another unit.

After analyzing all of this information, we can come to some specific conclusions:

- The church is the gathering of those who have confessed Christ as Savior.
- Separation of church and state is our God-given right, which includes keeping any form of religion out of the public schools system. Religious teaching is the responsibility of the parents and the church, not the government.
- Every individual is a priest and therefore has the liberty to come before God, with the help of the Holy Spirit, in the name of Christ; the one and only mediator.
- Agnosticism or the practice of differing religious beliefs should

not keep anyone from receiving the rights and responsibilities granted by the state.

Believing in soul freedom implies many things. For years Baptists have given time, even their lives, to maintain the freedoms we so often taken for granted. In fact, there is a story in the Gospels where a group of Pharisees go to Jesus and show him a coin. They want to trick him in order to create turmoil for Jesus with the Roman Empire. When he is asked if they should pay taxes to the Emperor, Jesus answers, "Give the Emperor what belongs to him and give God what belongs to God" (Matthew 22:21, CEV).

Why do Baptists fight so hard for both soul and religious freedoms? There are three main reasons so let's take a quick look at them. First, it is because of God's nature. God is God and therefore offers freedom. In Exodus 3:13-14 and Revelation 1:8; 22:13, it is evident God has no need of anyone or anything to exist. John 4:1-24 tells the story of how Jesus meets a Samaritan woman and tells her that God is Spirit, and whoever wants to worship God should do so "*in spirit and truth,*" free from obligation. Secondly, God has set each person free. In reading Genesis 1:26-28, 5:1-2 and Isaiah 64:8, we find that the Triune God created humans as individuals, meaning humans are not mass-produced in factories! Moreover, Psalm 139:13 reminds us that God formed us and knows us even as we are in our mother's womb.

Finally, Christianity itself is a religion of freedom. The Gospel of Mark reads: "The one who believes and is baptized will be saved; but the one who does not believe will be condemned" (Mark 16:16, NRSV). It is clear that God calls us as individuals, to acknowledge Christ. The book of Romans says: "See, I lay in Zion a stone that causes men to stumble and a rock that makes them fall, and the one who trusts in him will never be put to shame" (Romans 9:33, NIV). Therefore each person is responsible for his or her own response to God's call to follow Jesus, which further supports why we can proclaim, "You have made me free indeed!"

GROUP AND INDIVIDUAL EXERCISES

Each person experiences God, Christ, and the Spirit in different ways, and in the Bible, many images are used to describe them. In the following exercise, look in your Bible and try to find where God, Christ, or the Spirit is given an image different from what we are used to.

God as a shepherd:

____

Christ as a lion:

____

The Spirit as a dove:

____

Christ as a door:

____

God as an elderly person:

____

Christ as a loving mother:

____

The Spirit as wind:

____

The Spirit as fire:

____

God as a woman giving birth:

____

Christ as a brother:

____

Christ as a son:

____

Pretend that the leaders of a neighborhood school want students to read the Bible or another religious text every morning. Soon it is suggested that after the reading, students should recite a generic prayer in order to "start the day off right." What would you do if you were a part of that school? How would you use your understanding of freedom in Christ to explain to school officials why you cannot take part in the activities, even when they seem "nice" and "non-offensive"? Discuss your thoughts and comments with the group.

NOTE

1. Isaac Backus, *A History of New England* (1774-75).

UNIT FOUR

called to be a priestly nation

Key Scriptures: Matthew 28:16-20; Mark 16:14-18; Acts 1:7-9; 1 Peter 2:9-10; Revelation 1:4-6

Memorize: "For there is one God, and one mediator between God and men, the man Christ Jesus." (1 Timothy 2:5, KJV)

CONTEXT

One trait often used to characterize Baptist churches is our mode of baptism. For years, even centuries, what has differentiated us from other traditions is our name. However, what truly identifies us as Baptists is our understanding of the church.

One of the first ways in which Germany's Martin Luther began reforming the church was with the proclamation of the priesthood of all believers, meaning that whoever confesses Christ as Lord and Savior is a priest before God. The Baptist tradition shares this tenet of Protestantism with other Christian denominations. Since it is a shared belief, how does the Baptist tradition uniquely focus its understanding of the priesthood of believers? This question is addressed in today's lesson.

As practiced by the Jewish religion during the first century, priests were the only people authorized by God to perform the sacrifice of atonement. It was necessary for people of faith to travel to the temple in Jerusalem for the atoning sacrifice of a clean animal.

Now that God is revealed in the person of Christ, it is unnecessary for a priest to go before God on our behalf. Jesus gave his life as a sacrifice for us, and our access to him is what transforms us into priests. The understanding of Jesus as a sacrifice,

and we as his priests, has tremendous implications for the Baptist tradition. Our churches are not hierarchical where one person is more important than another. Rather, each person is seen as a minister of God's grace. Those within the church community minister to one another by using the gifts God grants to us through the Spirit.

> **LET'S READ!** Read the Key Scripture verses presented at the beginning of this lesson. What do you think these verses say regarding the priesthood of all believers? How can this truth be applied to our lives as Christians?

DISCUSSION OF THE KEY SCRIPTURES

It is possible that at some point in your life you have heard a sermon or presentation based on the biblical text commonly known as the **Great Commission,** found in Matthew 28:16-20. Most likely, the discussion focused primarily on missions and evangelism. While both aspects are central to the Christian life, the verses also reveal the call of believers to be priests.

In the **Great Commission,** Jesus grants his followers the power to go around the world making disciples, and says, "Go out and train everyone you meet, far and near, in this way of life, marking them by baptism in the threefold name: Father, Son, and Holy Spirit. Then instruct them in the practice of all I have commanded you. I'll be with you as you do this, day after day after day, right up to the end of the age" (Matthew 28:19-20, *The Message*). Jesus did not tell his eleven faithful followers that someone more qualified than they would carry out his call (remember that by this time Judas Iscariot had already betrayed Jesus). Instead, he sent them out to begin fulfilling the commission. Therefore, the Great Commission grants the laity, clergy, and every follower of Christ the authority to proclaim the good news of God in Jesus.

Before his ascension into heaven, Jesus reminds his followers, "you will receive power when the Holy Spirit comes on you" (Acts 1:8, NIV). Once again, there is no distinction made between

the followers of Christ. When the promise of the Spirit is fulfilled later on in Acts 2:1-13, those present in the upper room are filled with the Holy Spirit, and they all testify to the love and power of God.

In the Gospel of Mark, there is a slightly different proclamation of the Great Commission. Jesus tells his followers, "And these signs will accompany those who believe: In my name they will drive out demons; they will speak in new tongues; they will pick up snakes with their hands; and when they drink deadly poison, it will not hurt them at all; they will place their hands on sick people, and they will get well" (Mark 16:17-18, NIV). Those who believe in Jesus will see the signs! Obviously the verse is not saying every follower is going to pick up a snake and drink poison, but what it is saying is that the Holy Spirit empowers all Christians to do God's work, and God's Spirit is alive within the church. Each and every believer has the power and the authority to, among other things, castaway demons, to pray for the healing of others, and to ask for God's help on behalf of their brothers and sisters. It is unnecessary for believers to wait for a pastor or deacon to go before the Lord because Christ's promise is that every believer has the power to do so themselves.

In addition to the verses found in Matthew and Mark, the apostle Peter reminds the church that Christians are a royal and priestly people (1 Peter 2:9-10). The whole church is included in the group, and therefore no one in the church is excluded from the promise. Every person who makes a personal decision to accept Christ becomes a minister of God. Baptist churches do not stop proclaiming and living out this biblical truth. For example, although the pastor is a very important person within the church, he or she is not more important than the young person who prays, or the woman who prepares a meal for someone in need, or the disabled man who ushers and welcomes people to worship every Sunday.

In the book of Revelation, the writer says that even in the end times, believers will be praising Jesus who "has made us to be a kingdom, priests to His God" (Revelation 1:6b, NASB). By calling

us to the church, God created a new community where its people have the power and the responsibility to go before God individually, and to minister to one other with the blessings of the Holy Spirit.

When a Baptist congregation recognizes the special call of a person to be a pastor, the congregation is not saying that particular person is the only minister in the church. Instead, it's a proclamation from the congregation recognizing that he or she has been called to a leadership position among other ministers in the church. The tasks assigned to a pastor differ from those assigned to individuals in other leadership roles. Again, his or her tasks are neither more important nor more relevant than the tasks of other church members.

In 1 Corinthians 12-13, it is evident that God grants many gifts to the church, each of which is to be used for the well-being of the congregation. The Rev. Luz E. Rodriguez[1] writes the following in regard to the priesthood of all believers: "*The priesthood of all believers is the final goal of the biblical priesthood, the responsibility of each other for the well-being of the community.*" Therefore, Baptist churches are called to practice the true priesthood, that which has the best interest of the community in mind.

GROUP AND INDIVIDUAL EXERCISES

The Holy Spirit offers gifts to every person who confesses Christ in order to equip them for ministry. Read Romans 12:6-21; 1 Corinthians 12:7-13; Ephesians 4:11-16; and 1 Peter 4:8-11. Many people are hesitant to share their gifts, but the Lord calls us to minister to each other in love (1 Corinthians 13), and to do it for God's glory.

In the space provided, make a list of gifts and talents you have, and a list of the gifts and talents you would like to have. When you are finished, pray with the group. Ask for God to help you use the talents you have and for the talents you would like to have in order to benefit the community.

Gifts and talents I have:

______________________________,

______________________________,

____

Gifts and talents I would like to have:

______________________________,

______________________________,

____

Within a Baptist congregation, the pastor has specific responsibilities. However, it doesn't mean the pastoral duties are more important than those of the laity. In the following table, mark the duties you think should be the sole responsibility of the laity, as well as those you feel should be the responsibility of the pastor. Then mark the duties you feel should be shared between the two. Discuss your answers with the group.

NOTE

1. Luz Eneida Rodríguez, "Somos un pueblo que afirma el sacerdocio universal", en *Somos pueblo que afirma su identidad: Lecciones para la Escuela Bíblica.* Iglesias Bautistas de Puerto Rico, 1996, page 34.

Ministry	Pastor Only	Laity Only	Pastor and Laity
Evangelizing within the community			
Following up with visitors to the church			
Presiding at the Communion table			
Overseeing Christian education programs			
Preaching from the pulpit on Sundays			
Leading in prayer during worship			
Counseling members in times of crisis			
Baptizing new believers			
Planning strategies for church growth			
Overseeing church finances			
Leading Bible study for the congregation			
Planning/coordinating mission outreach			
Reading the Scripture during worship			
Officiating at wedding ceremonies			
Officiating at funeral services			

After examining the places listed in each column, discuss the following question with the group. How can you minister in each place? Remember, ministering is different from evangelizing.

- Your work
- Your church
- Your neighborhood
- Your home
- Your city or nation
- Other cities or nations

UNIT FIVE

one body, many members

Key Scriptures: John 17:18-26; Acts 6:1-7; Romans 12:1-5; 1 Corinthians 12:1-27; Ephesians 4:1-16

Memorize: "…so in Christ we who are many form one body, and each member belongs to all the others." (Romans 12:5, NIV)

CONTEXT

Today, there are about thirty-eight million people worldwide who consider themselves **Baptist**. About 75 percent of those people live in the United States. In total, about two dozen religious groups identify themselves with Baptist principles and theology. Aside from very few exceptions, all of the groups mentioned above consider themselves local expressions of the body of Christ, which is the church.

Since the beginning, the Baptist tradition has proclaimed its *autonomy* as well as its *interdependency*. These two concepts are very important in the life of Baptist communities, and are central to the way in which we embody Christ's mission in the world.

It is unfortunate how many people have misunderstood the concepts of *autonomy* and *interdependency*, both of which characterize our family of faith. What, then, does it mean to be autonomous and interdependent in the context of the Baptist tradition? **Autonomy** is the liberty to run the local business of the church without intervention from other local faith communities, whereas **interdependency** is the cooperation among the local churches in order to do mission work. Although some local churches are independent from each other, the majority of our denominations are

not. Independence means that there is no cooperation, no relation or mutual help, and no recognition of the array of gifts, talents, and needs with other local faith communities. On the other hand, autonomy and interdependency suggest that God's universal church is built up of many local churches, which voluntarily come together in order to accomplish God's mission.

Many Baptist denominations are divided according to their needs, as well as to the specific needs of each congregation. Generally, the key component of a denomination is the *Association.* An association is made up of a group of local congregations who unify in order to do mission work in the areas they serve. The size of the association depends upon the needs in the region. There are also large national and international organizations comprised of various Baptist denominations. Examples of the larger denominations are the *Baptist World Alliance* and the *Baptist Peace Fellowship*. The denominations collaborate without relegating the ecumenical work that is done both nationally and internationally. Baptist denominations work closely with the local Council or Alliance of Churches, the *World Council of Churches*, the *Latin American Council of Churches,* and many other organizations striving to make Christ's prayer of unity a reality in our midst.

> **LET'S SING!** Think of a song you have heard that describes the unity of the church, then join together in song!

DISCUSSION OF THE KEY SCRIPTURES

The prayer that Jesus recites in the Gospel of John is one of the most important prayers for the Christian community. Jesus prays for those who are beside him as well as those, "who will believe in me through their message" (John 17:20b, NIV). Isn't it powerful to think Jesus prayed for all who have confessed Christ as Lord and Savior since he walked the earth? Notice how Jesus did not pray for one particular tradition. He did not say: "God, protect the Presbyterians," or "God, look after the Methodists." No. Jesus asked God to protect and look after all who believe in him because of the faithfulness of his first followers.

Even more astonishing is the way in which the prayer is constructed. Jesus wants those who follow him to be one, just as he and the Parent God are One! Imagine what would happen if we follow Christ's prayer in our daily lives as Christians! How would the world look? How would we treat our brothers and sisters of other religions?

In Acts 6:1-7, the primitive church faced a big challenge. Many of the Greek-speaking widows were being ignored by the Aramaic-speaking congregants. Church leaders called on all people who made up the church, both Jews and Gentiles, to come to an agreement. The issue at hand is very important in the Baptist understanding of the autonomy of the local church. The church's leaders called upon members of its local congregation, through the help of the Holy Spirit, to help make a decision. They did not ask other churches to solve their troubles for them, nor did they take the situation to a higher authority.

The story of Acts 6 speaks about the autonomy of the local church. However, Acts 15 presents an example of the interdependency between local faith communities. In this story, the local churches of Jerusalem joined together to weigh upon Paul's ministry among the Gentiles.

Why is it so important to work cooperatively? A quick look at the Epistle to the Roman church provides some answers: "it's important that you not misinterpret yourselves as people who are bringing this goodness to God. No, God brings it all to you. The only accurate way to understand ourselves is by what God is and by what he does for us, not by what we are and what we do for him" (Romans 12:3b, *The Message*). By having a solid understanding of who we are in relation to God, we will come to understand that we cannot do anything alone. Every step we take in life affects the lives of many other people. Nowhere is this more evident than in the life of the church, "A body is made up of many parts, and each of them has its own use. That's how it is with us. There are many of us, but we each are part of the body of Christ, as well as part of one another" (Romans 12:4-5, CEV). Each congregation has members with various gifts and talents.

When those gifts and talents are combined with the gifts and talents of other local congregations, our faith communities are better prepared to face the challenge of testifying to Christ's presence in the world.

Paul tells the church in 1 Corinthians 12:1-27 that the gifts God grants to the church through the Holy Spirit are given for the well-being of the entire community of faith. The same instructions are also found in Ephesians 4:1-16. Even though the gifts of each person are different, we can join together in building the Reign of God.

Let's read what Paul says to the church in Ephesus: "There is one body and one Spirit—just as you were called to one hope when you were called—one Lord, one faith, one baptism; one God and Father of all, who is over all and through all and in all. But to each one of us grace has been given as Christ apportioned it" (Ephesians 4:1-7, NIV). Each congregation is diverse in, among other things, its worship style, its community service, and its way of calling people to the ordained ministry. However, we all share in the same Spirit of Christ. The Spirit that is present in your congregation is also present and working in the congregation down the street! God is not telling us that some churches are better than others, but rather it is God who manifests the love of Christ in different ways to each congregation. For example, one church may worship with elaborate liturgies, while others encounter God in a simple way. Yet they are all one in Christ Jesus.

GROUP AND INDIVIDUAL EXERCISES

Baptists have a form of government called *congregational government*. This means that all members of the congregation are given an equal opportunity to serve, to lead, and to work. Now that's a lot of responsibility! Let's pretend you are not pleased with something at church. How would you bring the issue up? What steps would you take to help change or rectify the situation?

Local churches have what's called a *Constitution and Bylaws* which determines how the local congregation is organized, as well as describes the roles and responsibilities of church leaders and mem-

bers. Take some time to look at your congregation's *Constitution and Bylaws*. Identify the officials and their responsibilities.

1. Official: ______________________ Responsibility: ______________________

2. Official: ______________________ Responsibility: ______________________

3. Official: ______________________ Responsibility: ______________________

4. Official: ______________________ Responsibility: ______________________

UNIT SIX

our call to MAKE disciples of all nations

Key Scriptures: Matthew 18:16-20; Mark 16:14-18; Luke 24:45-49; John 4:1-42; Acts 1:6-11

Memorize: "'You are my witnesses,' declares the LORD, 'and my servant whom I have chosen, so that you may know and believe me and understand that I am he. Before me no god was formed, nor will there be one after me.'" Isaiah 43:10 (NIV)

CONTEXT

The spark of evangelism gave birth to the church after Christ ascended into heaven, and the Holy Spirit filled the lives of the people present in the upper room during the Feast of Pentecost (Acts 2). Christ's followers began proclaiming the good news, and soon thereafter God called a Pharisee named Saul to become a follower and an apostle of Christ (Acts 9). Once Saul was given a new identity in Christ, he became known as Paul: the missionary, evangelist, theologian, teacher, preacher, and pastor *par excellence* of Christian tradition.

Paul is not the only example of missionary zeal the Christian church has ever witnessed. Many other believers have been called to go forth and proclaim God's Good News. Among the denominations known for having a passion for missions, the Baptist family of faith holds the distinction of having some of the best-known men and women missionaries in history.

Perhaps the biggest example of missionary fervor is embodied in the life and work of William Carey. The humble shoemaker's passion for studying the Bible forever changed the course of history.

Raised in the Church of England (or Anglican Church), Carey felt a deep love for Christ, and for the church. He committed his life to Christ in an English Baptist congregation, and he also studied Greek, Hebrew, theology, and philosophy in order to follow Jesus' command of teaching others about the love of God. In fact, Carey looked at a map of the world and marked the places where the gospel had not yet been preached, and he felt called to preach to those nations. The call to evangelize eventually led Carey and his friends to form the first missionary society in modern history. Formed in the year 1792, *The Baptist Missionary Society* became responsible for reaching India with the gospel. Carey lived in India for the remainder of his life, and he dedicated himself to learning about the culture and languages spoken there. Because of his endeavor, passion, and courage, Carey and his companions are acknowledged throughout the world as the founders of the modern mission movement.

LET'S READ! Read the Bible verses that are going to be used for this study. If possible, use several different versions of the Bible, and then take a few minutes to discuss the reading as a class.

DISCUSSION OF THE KEY SCRIPTURES

There is a misconception among believers that only a select few are called to be *evangelists* or *missionaries*. Some people think mission work can only be accomplished in foreign places where the culture, the food, the customs, and the language are different from their own. Have you ever wondered if you could be a missionary in your nation, neighborhood, or society?

The Gospel of Matthew tells us that before Jesus ascended into heaven to be with our Parent God, he asks the disciples to "go and make disciples of all nations" (Matthew 28:19, NIV). The call is to make disciples, or followers of Christ, from all the nations. The Baptist family has heard this call and is actively involved in missions, which is the reason why people like William Carey start mission enterprises. In the same way, other people contribute to the

mission of the church. Adoniram Judson and Ann Hasseltine, a missionary couple, represent a great missionary story. Ann holds the distinction of being the first female missionary from the United States, and the first female translator of the Bible. As a couple, Adoniram and Ann were responsible for introducing a permanent Christian witness in Burma (now Myanmar).

Even more interesting than the stories of missionaries is Jesus' message to his followers: "And these signs will accompany those who believe: In my name they will drive out demons; they will speak in new tongues; they will pick up snakes with their hands; and when they drink deadly poison, it will not hurt them at all; they will place their hands on sick people, and they will get well" (Mark 16:17-18, NIV). Christ's promise to all who follow him is for them to be included in the work of the church! The call to be a bearer of the Good News is one filled with power, and it is in Jesus' name that we can fulfill all of his promises.

In the Gospel of Luke, Jesus tells his disciples, "They also say that all people of every nation must be told in my name to turn to God, in order to be forgiven. So beginning in Jerusalem, you must tell everything that has happened. I will send you the one my Father has promised" (Luke 24:47-49a, CEV). Jesus asks his disciples to talk about what they have seen. According to the Baptist family of faith, being a missionary or an evangelist is the ability to talk about the wonders God is constantly doing in our lives. Therefore, the only thing we need in order to be a missionary or an evangelist is to have the Spirit of God living in our hearts.

In Acts, just before he leaves earth, Christ tells his followers that they "will receive power when the Holy Spirit comes on you; and you will be my witnesses in Jerusalem, and in all Judea and Samaria, and to the ends of the earth" (Acts 1:8, NIV). On the day of Pentecost, God fulfills this promise. The Holy Spirit comes down and fills the hearts of the first followers of Christ, giving them the power to proclaim God's good news (Acts 2). Therefore, the church is already empowered by the Holy Spirit to be witnesses to Christ's transformative love.

In the passage, Jesus first mentions Jerusalem, which is the city where the first followers lived. Jesus then expands to the larger regions of Judea and Samaria. By mentioning "the ends of the earth," all of God's creation becomes a part of the fulfilled promise. The story of the Samaritan woman, found in the Gospel of John, is a great example of local missions.

In the story (John 4:1-42), Jesus encounters a Samaritan woman who, once she recognizes him as the promised Messiah, goes and tells her neighbors about him. Because of her testimony, many people believed in Christ. Such is our call, and Baptists understand that it is our purpose to be the voice of God in our daily lives. In this way, we become the means by which the Spirit of God becomes alive to others.

A characteristic of missions within the Baptist family is that it is done through action. On many occasions, local churches connect with one another to send missionaries who, instead of *preaching* the gospel, live out God's loving message. Hundreds of schools, hospitals, shelters, orphanages, and other institutions have been built because of the Baptist tradition's understanding of the call to make disciples. It is in this way that our missionaries, both local and international, make the loving and healing presence of Christ a reality.

GROUP AND INDIVIDUAL EXERCISES

Brainstorming Did you know that there are many ways in which you can be a missionary? For instance, maybe your church could start a food bank for the hungry or it could open a volunteer-led nursery for mothers who work. Perhaps a job-training center for young people looking for employment is the biggest need in your community. There are so many things that you can do to share God's love and Good News! If your church does not have a social-action program as a way to evangelize, take this moment to brainstorm ideas about possible mission opportunities in your community. When you are finished, share your ideas with the group, then select the most realistic ideas and share them with the leaders at your church.

Brainstorm

Examples of both local and international missionary work can be found in every Baptist denomination. Ask your pastor what the mission agencies are for your denomination, the type of service they provide, and how your local church supports them. You might also want to make a list of missionaries from your region or association and pray for them continually. Perhaps one day you will be joining them in the mission field!

UNIT SEVEN

a new birth

Key Scriptures: Matthew 28:16-20; Romans 6:1-5; Acts 2:36-47

Memorize: "Instead, let the Spirit renew your thoughts and attitudes. Put on your new nature, created to be like God—truly righteous and holy." Ephesians 4:23-24 (NLT)

CONTEXT

Before we get into the discussion about baptism, it's important to point out what the Baptist tradition believes regarding the ordinances of the church. While many people know about baptism and Communion, do church members truly know what these two symbols of faith represent to the Baptist family? Baptists have a unique understanding of baptism and Communion, and in order to recognize what our denomination believes regarding them, it is essential to first take a look at two other concepts: *sacrament* and *ordinance*.

For a long time, the Christian church has considered baptism and Communion as **sacraments**. Several communities of faith including Roman Catholics, Presbyterians, Methodists, Episcopalians, Orthodox, Mennonites, Lutherans, and others, still recognize baptism and Communion as sacraments. So, what is a sacrament?

Theologically, a sacrament is a *means of grace*, a specific action through which God grants sanctifying grace to the members of the church. While the majority of the Protestant communities recognize two sacraments, the Orthodox and Roman Catholic traditions each recognize seven.

The word sacrament comes from Latin, and it literally means "mystery." Therefore, a sacrament is a mystery of faith by which

God makes the Spirit's presence felt in the universal church.

On the other hand, Baptist churches are the heirs of a religious tradition based on the separatist movement in England. The separatist movement understood that the church must be as close to the New Testament community as possible. In regard to baptism and Communion, the Baptist family inherited the understanding that these are *external symbols of the believer's commitment to Christ.*

The Baptist community considers an **ordinance** as a symbolic act wherefore the Church reminds and proclaims the salvation we have achieved through Christ. Therefore, God's grace has already been given to someone who confesses Christ. The word ordinance is used because they are actions Jesus himself ordained his followers to do. The efficiency of the ordinance is based on the fact that the actions are an external testimony to God's grace already given to that person, not because Christ is present in them. Remember, Christ is present in the life of the church through the action of the Spirit, as found in 1 Corinthians 3:16, 6:19; 2 Corinthians 6:14-18; and Revelation 3:20.

With an understanding of the ordinances in mind, let's take a look at some aspects of the first ordinance: baptism.

LET'S READ! Read the verses presented at the beginning of the chapter as a group. When you are finished, discuss what baptism means to you.

DISCUSSION OF THE KEY SCRIPTURES

The first ordinance that the Baptist faith community recognizes is baptism. It takes us back to the Great Commission (Matthew 28:16-20). Perhaps you have noticed that the last words Jesus spoke to his followers have had a very important influence on the life of the church. Let's focus our attention now on a verse from Matthew which reads: "Therefore go and make disciples of all nations, baptizing them in the name of the Father and of the Son and of the Holy Spirit" (Matthew 28:19, NIV). Two things can be taken from this verse. First, Christ instructs his followers to baptize

every person who will become a disciple. Secondly, the Lord also reminds us that baptism is to be done "in the name of the Father, and the Son, and the Holy Spirit."

The Baptist faith has a very particular way of looking at baptism. In many Christian communities, ministers baptize both infants and adults. There are three ways in which baptism is administered: *aspersion*, *pouring*, or *immersion*. Baptism by aspersion is the sprinkling of water on the person being baptized. Historically, this occurred during mass conversions, or when an imminent threat was present to the people being converted. Baptism by pouring is when water is poured over the head, which is the way many modern day Christians baptize infants and adults. Baptism by *immersion*, the method the Baptist tradition has used for many years, is where the believer is dunked into water. In fact, in England and throughout other parts of Europe some Baptist groups used to be known as "Dunkers."

As Baptists, we base our practice of immersion on two primary sources. The first is historical, as the Greek work for baptism is *baptizo* which literally means "to submerge." The second is theological, as submerging someone in the water symbolizes the death and resurrection that occurs when a person is baptized.

The writer of Romans has this to say regarding baptism: "Therefore we have been buried with him by baptism into death, so that, just as Christ was raised from the dead by the glory of the Father, so we too might walk in newness of life" (Romans 6:4, NRSV). Thus, to be baptized—for the Baptist believer—is to proclaim that we have died to sin and have risen with Christ.

In no way does this imply that someone who has been baptized by a method other than immersion cannot be accepted into the membership of the church. Many Baptist congregations understand that it is important to maintain the unity of the body of Christ. Therefore, any baptized believer is welcomed into membership as long as that person made a public commitment to Christ, and the baptism was performed in the name of the Trinity. The autonomy of the local church can be seen at work through this belief because each local congregation is free to

define its own way of welcoming people into membership. These local congregations ground their understanding in Ephesians 4:5, where it states there is only "*one Lord, one faith, one baptism.*" Again, this is something meant for local churches to interpret.

In Acts 2:36-47, Peter explains what happened in the upper room once the Spirit was manifested. When Peter finished his sermon he called those present in the room to repent. Those who accepted the Lord were baptized. And as a result of their new life in Christ, the people of this community had everything in common (Acts 2:43-47).

Baptism takes us to a place of understanding that we are a part of God's family, and each of us is an individual member of the body of Christ. The Baptist family of faith considers baptism to be a symbol of regeneration in the heart of the believer, as an individual. We are baptized because we have already experienced justification and regeneration in Christ, not because baptism justifies or regenerates us.

Historians say that when the great reformer Martin Luther felt tempted, he stopped to think of his baptism. Luther affirmed with certainty, "I have been baptized!" This helped Luther overcome temptation. Don't you think that this is still a great example for us today?

GROUP AND INDIVIDUAL EXERCISES

Baptism is a symbol of the regeneration that occurs in the life of the individual through the action of the Holy Spirit. When a person goes down to the baptismal waters, it is a testament to this transformation. However, as Paul tells the church in Philippi, we are not perfect, but rather we are in a race to achieve perfection, "I do not consider that I have made it my own; but this one thing I do: forgetting what lies behind and straining forward to what lies ahead. I press on toward the goal for the prize of the heavenly call of God in Christ Jesus" (Philippians 3:13-14, NRSV). Share with the group ways in which baptism helps you, as a believer, experience reconciliation with God.

Baptism helps me because…

MY DECLARATION OF FAITH

In baptism we testify to our desire to become part of the body of Christ, the church. At the same time, we are making a public declaration that we want to be a part of a local congregation. It is important to make clear our desire to be a part of a local faith community, and to let the local congregation know we are committed to being in community with them by sharing in their mission, faith, and doctrine. Take out a sheet of paper and write the reasons why you want to become a member of your congregation. You can use this declaration of faith later when the deacons ask you why you want to become a member of the congregation.

UNIT EIGHT

a new community

Key Scriptures: Mark 14:12-25; 1 Corinthians 11:17-34; Acts 2:43-47; Luke 24:28-35

Memorize: "Did not our heart burn within us, while he talked with us by the way, and while he opened to us the scriptures?" Luke 24:32b (KJV)

CONTEXT

Many families throughout the world gather around the table at dinner time. The act of sharing a meal with friends and loved ones is a universal gesture, and the food is oftentimes indicative of the given culture. In fact, food is a requirement at all sorts of celebrations in many countries because it helps people unite and embrace their diversity.

In the previous unit, we learned the difference between an ordinance and a sacrament. Therefore when speaking of baptism, it is understood that the Baptist belief of this ordinance has to do with redemption and a new birth. Today our attention is focused on the second of the two ordinances: the **Lord's Supper.**

Before explaining what the Lord's Supper means to the Baptist tradition, let's familiarize ourselves with the history surrounding the celebration. The book of Acts teaches about the primitive church and how every day the congregation "broke bread in their homes and ate together with glad and sincere hearts" (Acts 2:46, NIV). During the early years of the Christian movement the Supper was celebrated daily, and it was through this event that the new community unified and testified to Christ's presence in their midst.

Eventually, the Supper was celebrated the first day of every week to commemorate the Lord's resurrection. Quickly, it became a celebration where some people overate while others were left hungry. Paul wrote about the issue in his first letter to the church in Corinth, "for as you eat, each of you goes ahead without waiting for anybody else. One remains hungry, another gets drunk" (1 Corinthians 11:21, NIV). For that reason, the Supper became a feast where each person looked after his or her own interests rather than a celebration of unity and love.

Today the Christian church does not celebrate the Lord's Supper in the same manner as did the primitive church. There is no longer a banquet where some feast while others don't eat at all. However, the celebration is still central to the life of the church, and it is during the Lord's Supper that believers join together to testify to God's presence in the Church through the Holy Spirit. We also encounter Christ as we remember the salvation and redemption he brought to the world by means of his sacrifice. Now, let's take a closer look at how Baptists understand this ordinance.

LET'S SHARE! The Lord's Supper is a symbol of unity and sharing among Christians. Take this moment to share a testimony about the unity you have experienced in church.

DISCUSSION OF THE KEY SCRIPTURES

The second ordinance the Baptist family treasures, is the Lord's Supper. Other names for this symbol of unity are: the **Lord's Table, Communion,** or **Eucharist,** and for two millenniums it has been the central point of Christianity.

In the Gospel according to Mark, we read that Jesus meets with his disciples to celebrate the Passover meal (a Jewish festival that commemorates the exodus or escape from Egypt). During this feast, Jesus shares the table with his followers and pronounces his nature and mission. For instance, it is in the Passover meal that Christ announces that he is to give his own life for the salvation of those who will follow him, "This is my blood of the [new] covenant, which is poured out for many" (Mark 14:24, NIV).

When the Baptist family of faith comes to God's table, we remember the words of the apostle Paul. In 1 Corinthians, Paul reminds the church what happened during that first Communion: "Then after he had given thanks, he broke it and said, 'This is my body, which is given for you. *Eat this and remember me.'* After the meal, Jesus took a cup of wine in his hands and said, 'This is my blood, and with it God makes his new agreement with you. *Drink this and remember me'"* (1 Corinthians 11:24-25, CEV).

In many Baptist churches—and in many Protestant congregations, for that matter—the Communion table has the words *In Memory of Me* carved in it or printed on it. When the Baptist family meets to celebrate the Lord's Supper, we are remembering the salvation we received from Jesus at the cross. Contrary to other faith traditions, the Baptist community does not believe the bread and wine (or grape juice) become the literal body and blood of Christ.

There are many ways in which we can approach the understanding of Communion. On one hand, there is *transubstantiation*, which is the theological understanding of the bread and wine becoming the actual body and blood of Christ by the power of the Holy Spirit. The Roman Catholic and Orthodox communities of faith share this understanding of Communion. On the other hand, there is *consubstantiation*, which is the belief that Christ is spiritually present under the elements. This is a shared understanding by a majority of Protestant churches and Anglican faith communities around the world. Baptists on the other hand, along with a small group of Protestant communities like the Christian Church (Disciples of Christ), the Church of the Brethren, and the Mennonites consider the Lord's Supper to be symbolic. Therefore, we profess that Christ is already present in the church by the action of the Spirit of God, and that his physical body is at the right hand of God the Parent (1 Corinthians 12:27; 1 John 3:24; Mark 16:19; Acts 1:6-11; 1 Peter 3:21-22).

The symbolic nature of the Lord's Supper does not take away from the importance of the ordinance, nor does it take the centrality of it in the life of the church. On the contrary, when we understand how God is working with and through our symbolic actions,

we testify to God's love still present and felt in our midst. It is a time to be grateful for God's love and kindness, by giving God's own Son to die and rise from the dead for all of humanity. In fact, the name given to this celebration by the primitive church was *Eucharist*, which literally means "thanksgiving" and is a testimony of how important this act of unity and reconciliation is to the Christian community in general, and to the Baptist family in particular. When we come to the Lord's Table we come with a grateful heart for God's love towards humanity. In the same way, we also call this event *Communion*, for it is through the act of sharing a meal together that we testify to our unity in Christ.

Just like in baptism, the local Baptist churches are autonomous in terms of determining who can partake in Communion. According to their theological understanding of the Lord's Supper, each congregation decides who can and who cannot come to the table. There are local faith communities where only people who have been baptized by immersion can partake of the Supper. This practice is called "closed Communion." There are other churches that allow all those who have confessed Christ as their Savior to participate, whether they had been baptized by immersion or another form. This particular practice is called "semi-open Communion." Finally, some congregations use "open-Communion" where everybody—Christian or not, baptized or not—is welcome at the table.

When coming to the Lord's Table, it is important to keep a few things in mind. For instance, in Mark 14, we read about how both Judas Iscariot and Peter were present at the table. Judas was the one who betrayed Jesus, and Peter denied knowing Jesus even after he was arrested. This gives us a key understanding of how all-encompassing God's love is even when sinners are welcome to partake of Christ's blessings. On the other hand, Paul tells us, "Whoever, therefore, eats the bread or drinks the cup of the Lord in an unworthy manner will be answerable for the body and blood of the Lord. Examine yourselves, and only then eat of the bread and drink of the cup. For all who eat and drink without discerning the body, eat and drink judgment against themselves" (1 Corinthians 11:27-29, NRSV). The important thing to remember

when participating in Communion is the reason why you're at the table. Do you want to come to the table because you want to show other people that you are a Christian? Or do you want to come to the table because your want to celebrate the fire in your heart that tells you that you have been saved by Christ?

In the Gospel of Luke 24:28-35, we read the story of two men on their way back home to Emmaus. Suddenly, Jesus shows up in their midst, but they do not recognize him. Following the social and religious norms of the time, the men ask Jesus to stay with them for the night and Jesus accepts their request. Once at the table, Jesus blesses the bread and gives it to them. It is at this moment that the two men realize the person sharing the meal with them is in fact the risen Christ. Their reaction is: "Did not our heart burn within us, while he talked with us by the way, and while he opened to us the scriptures?" (Luke 24:32a, KJV). When the risen Christ is present at the table, the heart of those willing to invite him in fills with joy and love. This is a wonderful image of how the Spirit of God blesses us when we come to the Lord's Table.

Baptism and Communion are symbols that remind us of God's love, as well as the unity of the body of Christ through the action of the Holy Spirit. For this reason, we celebrate them regularly, and it is why our hearts rejoice every time we come together as a church to witness them.

GROUP AND INDIVIDUAL EXERCISES

The Lord's Supper is symbolic of God's atonement through Christ. However, there are times when we come to the table unprepared. Read 1 Corinthians 11:17-22. What is going on in the Corinthian Church? How can we, as a church, keep the sanctity and the importance of Communion? Share your thoughts with the group.

THE LORD'S SUPPER IN THE BIBLE

Answer the following questions after reading the respective Bible verses.

1. Who instituted Communion? (Matthew 26:17-29)

2. What does the bread represent? (Luke 22:19)

3. What does the wine or grape juice represent? (Mark 14:23-24)

4. How often is the Lord's Supper celebrated in the New Testament church? (Acts 2:46)

5. What do we proclaim when we partake of the Lord's Supper? (1 Corinthians 11:26)

UNIT NINE

a regenerate church

Key Scriptures: 2 Corinthians 5:16-21; John 12:44-50; Ephesians 4:17-32; James 2:14-26

Memorize: "You were all baptized into Christ, and so you were all clothed with Christ. This means that you are all children of God through faith in Christ Jesus." Galatians 3:27 (NCV)

CONTEXT

In the unit regarding baptism, it has been established that the nature of the church—not the way baptism is performed—is what characterizes a Baptist congregation. In this unit, the attention will be focused on the concept of "church" according to Baptist principles.

To many, a church is merely a building where people gather to worship. However, this concept of church is contrary to what the New Testament teaches about the nature of Christ's church.

Throughout Christianity as a religious movement, various concepts have been used to define what it means to be a church. The previously mentioned idea of church is the most recent. From the Middle Ages through the Protestant Reformation, the church was made up of the people who lived in a certain geographical area. This conglomerate of people was called a parish, and whoever lived in this area was considered to be a member of the church.

Before the idea of a parish was developed (while the Scriptures were still being written), the new religious movement was called "the Way." Clearly, the concept of church was quite different back then, so today we will explore what it means to be a New Testament church.

LET'S SING! There are many songs that describe what it means to be a church. Take some time now as a group to praise God by singing one of them.

DISCUSSION OF THE KEY SCRIPTURES

Those who lived during the birth of Christianity did not define church as people who followed Jesus' teachings and example. In fact, followers of Jesus weren't even referred to as Christians. The book of Acts tells us the story of how the new movement was called "the Way" (Acts 19:9, 23). It was not until after the first persecution, right after Stephen's martyrdom, that Jesus' followers were for the first time called *Christians* in Antioch (Acts 11:19-30).

Today, the word church has a different connotation. When we are talking about the gathering community of believers as "the church of Christ" we are using a more political than a religious term. The Greek word used is *ekklesía* which refers to a gathering of citizens. The *ekklesía* in the Greco-Roman world was the assembly of male citizens who came together in order to make political decisions.

When the gathering of the community of believers is referred to as *ekklesía*, or "church of Christ," it becomes a political term more so than a religious term. Thus, the church is a community of believers who understands itself as the assembly of those who have been saved, and it is also a community—or an assembly—independent from the state (or in the case of the first followers of Christ, from the Empire).

In the Baptist tradition, the church is a community of believers who have experienced the regeneration that the Spirit of Christ brings. Here we find another interesting concept called *regeneration,* a compound word that means to be born again. Therefore, when Baptist people talk about being a church of regenerated people, we are proclaiming to be a community of people who are born again in Christ.

In his first letter to the church in Corinth, the apostle Paul gives us a glimpse of what it means to be born again: "Therefore, if any-

one is in Christ, he is a new creation; the old has gone, the new has come! All this is from God, who reconciled us to himself through Christ and gave us the ministry of reconciliation" (2 Corinthians 5:17-18, NIV). In the unity we share with the Lord, God's Spirit makes us new creatures. Although our appearance doesn't change, our inner-self experiences a transformation. Again, Paul writes about this in a beautiful way: "God put the world square with himself through the Messiah, giving the world a fresh start by offering forgiveness of sins. God has given us the task of telling everyone what he is doing. We're Christ's representatives. God uses us to persuade men and women to drop their differences and enter into God's work of making things right between them. We're speaking for Christ himself now: Become friends with God; he's already a friend with you" (2 Corinthians 5:18-20, *The Message*).

All of this is possible because God became flesh, in the person of Jesus, in order to give us new life. In the Gospel of John, Jesus himself reminds us what his mission is. Jesus says: "I have come as a light into the world, that whoever believes in Me should not abide in darkness." (John 12:46, NKJV). Although many people want to portray Christ as an angry judge, Scripture presents a very different Jesus, that of a reconciling being: "I do not judge anyone who hears my words and does not keep them, for I came not to judge the world, but to save the world" (John 12:47, NRSV). The Lord is ready to forgive our sins and to make us part of his body, the church; for that was his purpose when he came to earth.

The Baptist family believes it is very important to live a life that is a testimony to God's power to transform us from our "old selves" into our "new selves." The regeneration we experience is an act of grace that comes only from God, and our new life shows through our actions. The apostle Paul writes about the new life in his letter to the Ephesians' church: "So I tell you this, and insist on it in the Lord, that you must no longer live as the Gentiles do, in the futility of their thinking" (Ephesians 4:17, NIV). In fact, Ephesians 4:17-32 is a discourse on how to live a life that is a testimony to God's gracious regeneration of the individual.

Baptists understand church to be an assembly of people who have experienced regeneration, and those who have experienced rebirth will bear fruit. Concrete actions of faith are the way in which we testify to our regeneration. In James' letter, he writes: "So faith by itself, if it has no works, is dead. But someone will say, 'You have faith and I have works.' Show me your faith without works, and I by my works will show you my faith'" (James 2:17-18, NRSV). This is why Baptists are so involved in social action and missions. In a way, it is part of our commitment as a regenerate church. However, we must be careful not to judge others, as each individual is responsible before God for his or her own actions.

Finally, it is necessary to point out that the Baptist tradition joins other Christian communities in proclaiming that the body of Christ, the church universal, shares characteristics that go beyond denominational distinctiveness. Theologians call these characteristics "the marks of the church,", for the body of Christ is made up of all the believers, at all times, and in all places. These are the marks of the church:

- The church is ONE: meaning that although there are many denominations, of which the Baptist is but one expression, the church of Christ is one, invisible community. We cannot divide Christ (1 Corinthians 1:10-17).
- The church is HOLY: meaning that the church of Christ has been chosen to be God's, and to be the place where the Holy Spirit resides (1 Peter 2:9-10).
- The church is CATHOLIC: a term which means "universal." By catholic, we mean that the church of Christ is all around the world, and is for the whole world. Those who follow Christ are from every nation, every tribe, and every tongue (Matthew 28:16-20; Mark 16:17-18; John 3:16-17).
- The church is APOSTOLIC: which means that is set in the teachings of the apostles, the men and women who were sent by Christ to proclaim the good news of salvation and reconciliation with God (Acts 2:41-42).

Therefore, Baptists are a group of redeemed people, who, in the power of the Holy Spirit, meet to proclaim God's Living Word, which is Christ, and to share in service to the entire world.

GROUP AND INDIVIDUAL EXERCISES

Oh, the Drama! Bringing the Story of "New Birth" to Life! In the Gospel of John 3:1-15, Jesus has a very interesting conversation with a Pharisee named Nicodemus, who is a religious leader of the Jews. The Gospel describes how Jesus tells Nicodemus that it is important to be "born again" in order to inherit the Reign of God. In other words, salvation should be a reality in our daily lives.

Read the story carefully and prepare a short dramatization about what happens between Jesus and Nicodemus. Try placing the story in a more contemporary setting. What would Jesus tell Nicodemus if they were both present-day people? How would the two of them interact in today's society?

A New Life in christ! As you learned in today's class, Paul makes several recommendations on how to live a life that testifies to our redeemed reality as people of God (Ephesians 4:17-32). In the following space, write the things in your life that you need to change in order to show God's grace of regeneration. Next to those changes, write what you will start doing today in order to show the world that you are in fact a new person in Christ.

My old self used to...	*My new self will...*
______________________	______________________
______________________	______________________
______________________	______________________
______________________	______________________
______________________	______________________

UNIT TEN

the call to stewardship

Key Scriptures: Genesis 1:26-31 and 2:4-17; Luke 21:1-4; Matthew 6:5-6; 1 Corinthians 1:4-9; Ephesians 4:1-6; 1 Thessalonians 2:8-12

Memorize: "For I desire steadfast love and not sacrifice, the knowledge of God rather than burnt-offerings." Hosea 6:6 (NRSV)

CONTEXT

Over the duration of your church life, you may have been exposed to sermons regarding Christian stewardship. Perhaps you are already aware that stewardship refers to more things than just money (although money is a big part of it.) Today we are going to take a look at the way in which Baptists recognize Christian stewardship as a commitment to Christian living, reflecting on aspects such as our role as part of God's creation, our relation to the world, and our understanding of spirituality.

In today's class we will focus on the five aspects of Christian stewardship and why each is essential to maintaining our identity as Baptists and as members of the body of Christ. These aspects can be referred to as **The Five T's:** *Time, Tasks, Treasure, Talents,* and *Testimony.* Let's take a closer look at each one of them.

LET'S READ! Read the Key Scriptures as a group and discuss how you think each one relates to the theme of stewardship.

DISCUSSION OF THE KEY SCRIPTURES

Stewardship is a biblical principle. In the account of the Creation, in Genesis 1:26-31, God orders all human beings, both man and

woman, to be responsible with what God has given them. God's first command to humans in Genesis is: "Be fruitful and increase in number; fill the earth and subdue it. Rule over the fish of the sea and the birds of the air and over every living creature that moves on the ground" (Genesis 1:28, NIV).

This verse reveals how God calls human beings to rule over every created thing. However, it does not give humans the freedom to exploit creation. The original Hebrew text reveals how humans are commanded to be *responsible* for God's creation. This is evident in Genesis 2:15, when God says humans are to work and take care of the garden. The text reads: "The LORD God put the man in the Garden of Eden to take care of it and to look after it" (Genesis 2:15, CEV). Therefore, a good steward is responsible with what God has granted him or her.

THE FIVE T's:

■ *Time:* Let's focus our attention now on time. How much time do you spend alone with God? How much time do you spend doing God's work? The Gospel of Matthew 6:5 tells about Jesus' advice regarding prayer. The Lord is asking us to take time to be with God, which will ultimately nurture our relationship with our Creator.

Grounded in our identity as a priestly people, it is important for Baptists to pay attention to this particular characteristic of stewardship. Christ is the one who invites us to administer our time wisely so we have the ability to be with God, whether it is in prayer or service. Otherwise, when we pray, why would Jesus direct us to, "Find a quiet, secluded place so you won't be tempted to role-play before God. Just be there as simply and honestly as you can manage. The focus will shift from you to God, and you will begin to sense his grace" (Matthew 6:6, *The Message*). Therefore, as good administrators of our time, we ought to set some aside to experience the grace of the Spirit of God.

■ *Tasks:* If we cultivate our relationship with God by making good use of our time, we are also using our time to do God's work.

Further still, our tasks should be sanctified for God. This includes both our secular jobs and our work within the congregation. Each is to be administered for God's glory.

The apostle Paul writes to the church in Thessalonica to remember his hard work: "Surely you remember, brothers, our toil and hardship; we worked night and day in order not to be a burden to anyone while we preached the gospel of God to you" (1 Thessalonians 2:9, NIV). Paul worked as a tent-maker in order to provide for himself and sustain his missionary work (Acts 18:1-3). His hard work is strong evidence of his commitment to being a good steward. Following Paul's example, we too are called to be good stewards of our responsibilities.

■ *Treasure:* Perhaps one of the most well-known aspects of stewardship is our call to be good administrators of our finances. Because our treasures come from God, it is natural to give them back to accomplish God's work.

The Baptist family of faith understands that each local congregation is autonomous, meaning every congregation is responsible for the well-being of its ministers and mission programs. This is the main purpose for sharing our financial means, through tithes and offerings, with the rest of our brothers and sisters in the faith community.

One of the strongest examples of sacrificial offering is the parable of the widow's mite found in Luke 21:1-4. In this story, Jesus praises the will of the widow, who gave all she had toward the work of the temple. Baptist churches do not expect its members to starve in order to give to the congregation. However, our faith does call us to share with those who do not have enough, whether they are part of our family of faith or they are within the community. These are the ways in which Baptist congregations are good financial stewards.

■ *Talent:* The Holy Spirit grants gifts and talents to the church. In his first letter to the Corinthians, Paul thanks God, "always for you because of the grace of God that has been given you in Christ

Jesus" because this particular church had been "enriched in him, in speech and knowledge of every kind—just as the testimony of Christ has been strengthened among you—so that you are not lacking in any spiritual gift as you wait for the revealing of our Lord Jesus Christ" (1 Corinthians 1:4-7, NRSV).

God grants these things to the church in order for them to be used for the well-being of God's creation. Being good stewards of these talents means using them in a way that glorifies God and benefits the community.

■ *Testimony:* Have you ever given much thought to how important it is to be a good steward of your testimony? Without a doubt testimony is an important aspect of stewardship. In Ephesians 4:1-6, Paul writes about the appropriate conduct of the Christian man and woman. Being good administrators of our every day life gives us the opportunity to reveal God's grace, through Christ Jesus, to the world around us. When we make wise choices we are living the gospel out loud. In return, it allows us to say with pure hearts that we are indeed members of the body of Christ.

GROUP AND INDIVIDUAL EXERCISES

By now you are well aware of how time, talent, treasure, testimony, and tasks work together for the glory of God. In the categories provided below, make a list of changes you need to make in your own life in order to be a better steward. Next to those changes, write concrete actions you plan to take in order to achieve your goal of being a good steward of God's blessings.

Area:	Actions to be taken:
Time: ____________	______________________
Talents: ____________	______________________
Treasures: ____________	______________________

Testimony: __________ ____________________________

Tasks: _____________ ____________________________

A FORMULA FOR YOUR TITHES TO THE LORD

Here is a very simple formula that will allow you to be a good administrator of God's financial blessings:

- Church = 10%
- Savings = 20%
- Everyday expenses = 70%

After examining the formula, it might be necessary for you to reevaluate your finances. Consider making lifestyle changes that will ensure your basic needs are met, and that you are setting enough of your finances aside in case you ever face financial hardship. In tough times, remember that the church is there to take care of you should you ever need it. After all, that is a part of being a good steward of God's blessings to God's people!